U0508079

一轮圆月耀天心

民国大师经典书系

大师 李叔同 / 著

北京理工大学出版社

图书在版编目（CIP）数据

一轮圆月耀天心 / 李叔同著. — 北京：北京理工大学出版社，2016.6（2023.2重印）

ISBN 978-7-5682-2118-4

Ⅰ.①一… Ⅱ.①李… Ⅲ.①李叔同（1880～1942）—书信集 Ⅳ.①B949.92

中国版本图书馆CIP数据核字（2016）第068131号

出版发行 / 北京理工大学出版社有限责任公司

社　　址 / 北京市海淀区中关村南大街 5 号

邮　　编 / 100081

电　　话 / （010）68914775（总编室）

　　　　　（010）82562903（教材售后服务热线）

　　　　　（010）68948351（其他图书服务热线）

网　　址 / http://www.bitpress.com.cn

经　　销 / 全国各地新华书店

印　　刷 / 三河市嵩川印刷有限公司

开　　本 / 889 毫米 × 1194 毫米　　1/32

印　　张 / 10.75　　　　　　　　　　　　责任编辑 / 刘永兵

字　　数 / 206千字　　　　　　　　　　　文案编辑 / 刘永兵

版　　次 / 2016 年 6 月第 1 版　2023 年 2 月第 2 次印刷　　责任校对 / 周瑞红

定　　价 / 59.80元　　　　　　　　　　　责任印制 / 边心超

目 录

第一部分 红尘内外

第一部分

红尘内外

初到世间的慨叹

在清朝光绪年间，天津河东有一个地藏庵，庵前有一户人家。这是一座四进四出的进士宅邸，它的主人是一位官商，名字叫李世珍。曾是同治年间的进士，官任吏部主事，也因此使李家在当地的声名更加显赫了。但是，他为官不久，便辞官返乡了，开始经商。在晚年的时候，他虔诚拜佛，为人宽厚，乐善好施，被人称为"李善人"。而这就是我的父亲。

我是光绪六年（1880年），在这个平和良善的家庭中出生的。生我时，我的母亲只有二十岁，而我父亲已近六十八岁了。这是因为我是父亲的小妾生的，也正是如此，虽然父亲很疼爱我，但是在那时的官宦人家，妾的地位很卑微，我作为庶子，身份也就无法与我的同父异母的哥哥相比。从小就感受到这种不公平待遇给我带来的压抑感，然而只能是忍受着，也许这就为我今后出家埋下了伏笔。

在我五岁那年，父亲因病去世了。没有了父亲的庇护，我与母亲的处境很是困难，看着母亲一天到晚低眉顺眼、谨小慎微地度日，我的内心感到很难受，也使我产生了自卑的倾向。我养成了沉默寡言的内向性格，终日里与书作伴，与画为伍。只有在书画的世界里，我才能找到快乐和自由！

听我母亲后来跟我讲：在我降生的时候，有一只喜鹊叼着一根橄榄枝放在了产房的窗上，所有人都认为这是佛赐祥瑞。而我后来也一直将这根橄榄枝带在身边，并时常对着它祈祷。由于我的父亲对佛教的诚信，使我在很小的时候，就有机会接触到佛教经典，受到佛法的熏陶。我小时候刚开始识字，就跟着我的大娘，也就是我父亲的妻子，学习念诵《大悲咒》和《往生咒》。而我的嫂子也经常教我背诵《心经》和《金刚经》等。虽然那时我根本就不明白这些佛经的含义，也无从知晓它们的教理，但是我很喜欢念经时那种空灵的感受。也只有在这时我能感受到平等和安详！而我想这也许成为我今后出家的引路标。

我小时候，大约是六七岁的样子，就跟着我的哥哥文熙开始读书识字，并学习各种待人接物的礼仪，那时我哥哥已经二十岁了。由于我们家是书香门第，又是当地数一数二的官商世家，所以一直就沿袭着严格的教育理念。因此，我哥哥对我方方面面的功课，都督教得异常严格，稍有错误必加以严惩。我自小就在这样严厉的环境中长大，这使我从小就没有了小孩子应有的天真活泼，也疑我的天性也遭到了压抑而导致有些扭曲。但是有一点不得不承认，那就是这种严格施教，对于我后来所养成的严谨认真的学习习惯和生活作风是起了决定作用的，而我后来的一切成就几乎都是得益于此，也由此我真心地感激我的哥哥。

当我长到八九岁时，就拜在常云政先生门下，成为他的入室弟子，开始攻读各种经史子集，并开始学习书法、金石等技艺。在我十三岁那年，天津的名士赵幼梅先生和唐静岩先生开始教我填词和书法，使我在诗词书画方面得到了很大的提高，功力也较以前深厚了。为了考取功名，我对八股文下了很大的功夫，也因此得以在天津县学加以训练。在我十六岁的时候，我有了自己的思想，因过去所受的压抑而造成的"反叛"倾向也开始抬头了。我开始对过去刻苦学习是为了报国济世的思想不那么热衷了，却对文艺产生了浓厚的兴趣，尤其是戏曲，也因此成了一个不折不扣的票友。在此期间，我结识过一个叫杨翠喜的艺人，我经常去听她唱戏，并送她回家，只可惜后来她被官家包养，后来又嫁给一个商人作了妾。

由此后我也有些惆怅，而那时我哥哥已经是天津一位有名的中医大师了，但是有一点我很不喜欢，就是他为人比较势利，攀权倚贵，嫌贫爱富。我曾经把我的看法向他说起，他不接受，并指责我有辱祖训，不务正业。无法，我只有与其背道而驰了，从行动上表示我的不满，对贫贱低微的人我礼敬有加，对富贵高傲的人我不理不睬；对小动物我关怀备至，对人我却不冷不热。在别人眼里我成了一个怪人，不可理喻，不过对此我倒是无所谓的。这可能是我日后看破红尘出家为僧的决定因素！

西湖夜游记

壬子七月，予重来杭州客师范学舍。残暑未歇，庭树肇秋，高楼当风，竟夕寂坐。越六日，偕姜、夏二先生游西湖。

于时，晚晖落红，暮山被紫，游众星散，流萤出林。湖岸风来，轻裾致爽。乃入湖上某亭，命治茗具，又有菱芰，陈粲盈几。短童侍坐，狂客披襟，申眉高谈，乐说往事。庄谐杂作，继以长啸，林鸟惊飞，残灯不华。起视明湖，荧然一碧，远峰苍苍，若隐若现。颇涉遐想，因忆旧游。

曩岁来杭，故旧交集，文子耀斋，田子毅侯，时相过从，辄饮湖上。岁月如流，倏逾九稔。生者流离，逝者不作，坠欢莫拾，酒痕在衣。刘孝标云："魂魄一去，将同秋草。"吾生渺茫，可唏然感矣！

漏下三箭，秉烛言归。星辰在天，万籁俱寂。野火暗暗，疑似青磷；垂杨沉沉，有如酣睡。归来篝灯，斗室无寐，秋声如雨，我劳何如？目瞑意倦，濡笔记之。

辛丑北征泪墨

游子无家，朔南驰逐。值兹离乱，弥多感哀。城郭人民，慨怆今昔。耳目所接，辄志简编。零句断章，积焉成帙。重加厘削，定为一卷。不书时日，酬应杂务。百无二三，颜曰：《北征泪墨》，以示不从日记例也。

辛丑初夏，惜霜识于海上李庐。

光绪二十七年春正月，拟赴豫省仲兄。将启行矣，填《南浦月》一阕海上留别词云：

杨柳无情，丝丝化作愁千缕。惺忪如许，萦起心头绪。谁道销魂，尽是无凭据。离亭外，一帆风雨，只有人归去。

越数日启行，风平浪静，欣慰殊甚。落日照海，白浪翻银，精采眩目。群鸟翻翼，回翔水面。附海诸岛，若隐若现。是夜梦至家，见老母室人作对泣状，似不胜离别之感者。余亦潸然涕下。比醒时，泪痕已湿枕矣。

途经大沽口，沿岸残垒败灶，不堪极目。《夜泊塘沽》诗云：

杜宇声声归去好，天涯何处无芳草。春来春去奈愁何？流光一霎催人老。

新鬼故鬼鸣喧哗，野火磷磷树影遮。月似解人离别苦，清光减作一钩料。

晨起登岸，行李冗赘。至则第一次火车已开往矣。欲寻客邸暂驻行踪，而兵燹之后，旧时旅馆率皆颓坏。有新筑草舍三间，无门窗床几，人皆席地坐，杯茶盂馔，都叹缺如。强忍饥渴，兀坐长喟。至日暮，始乘火车赴天津。路途所经，庐舍大半烧毁。抵津城，而城墙已拆去，十无二三矣。侨寄城东姚氏庐，逢旧日诸友人，晋接之余，忽忽然如隔世。唐句云"乍见翻疑梦，相悲各问年"，其此境乎！到津次夜，大风怒吼，金铁皆鸣，愁不成寐，诗云：

世界鱼龙混，天心何不平！岂因时事感，偏作怒号声。烛尽难寻梦，春寒况五更。马嘶残月坠，笳鼓万军营。

居津数日，拟赴豫中。闻土寇蜂起，虎踞海隅，屡伤洋兵，行人惴惴。余自是无赴豫之志矣。小住二旬，仍归棹海上。

天津北城旧地，拆毁甫毕。尘积数寸，风沙漫天，而旷阔逾恒，行道者便之。

晤日本上冈君，名岩太，字白电，别号九十九洋生，赤十字社中人，今在病院。笔谈竟夕，极为契合，蒙勉以"尽忠报国"等语，感愧殊甚。因成七绝一章，以当诗云：

> 杜宇啼残故国愁，虚名遑敢望千秋。男儿若论收场好，不是将军也断头。

越日，又偕赵幼梅师、大野舍吉君、王君耀忱及上冈君，合拍一照于育婴堂，盖赵师近日执事于其间也。

居津时，日过育婴堂，访赵幼梅师，谈日本人求赵师书者甚多，见予略解分布，亦争以缣素嘱写。颇有应接不暇之势。追忆其姓名，可记者，曰神鹤吉、曰大野舍吉、曰大桥富藏、曰井上信夫、曰上冈岩太、曰塚崎饭五郎、曰稻垣几松。就中大桥君有书名，予乞得数幅。又丐赵师转求千郁治书一联，以千叶君尤负盛名也。海外墨缘，于斯为盛。

北方当仲春天气，犹凝阴积寒。抚事感时，增人烦恼。旅馆无俚。读李后主《浪淘沙》词"帘外雨潺潺，春意阑珊。罗衾不耐五更寒"句，为之怅然久之。既而，风雪交加，严寒砭骨，身着重裘，犹起栗也。《津门清明》诗云：

一杯浊酒过清明，箸断樽前百感生。辜负江南好风景，杏花时节在边城。

世人每好作感时诗文，余雅不喜此事。曾有诗以示津中同人。诗云：

千秋功罪公评在，我本红羊劫外身。自分聪明原有限，羞从事后论旁人。

北地多狂风，今岁益甚。某日夕，有黄云自西北来，忽焉狂风怒号，飞沙迷目。彼苍苍者其亦有所感乎！

二月杪，整装南下，第一夜宿塘沽旅馆。长夜漫漫，孤灯如豆，填《西江月》一阕词云：

残漏惊人梦里，孤灯对景成双。前尘渺渺几思量，只道人归是谎。谁说春宵苦短，算来竟比年长。海风吹起夜潮狂，怎把新愁吹涨。

越日，日夕登轮。诗云：

感慨沧桑变，天边极目时。晚帆轻似箭，落日大如箕。风卷旌旗走，野平车马驰。河山悲故国，不禁泪双垂。

开轮后，入夜管弦嘈杂，突惊幽梦。倚枕静听，音节斐亹，飒飒动人。昔人诗云："我已三更鸳梦醒，犹闻帘外有笙歌。"不图于今日得之。

舟泊烟台，山势环拱，帆樯云集，海水莹然，作深碧色。往来渔舟，清可见底。登高眺远，幽怀顿开。诗云：

澄澄一水碧琉璃，长鸣海鸟如儿啼。晨日掩山白无色，□□□□青天低。

午后，偕友登烟台岸小憩，归来已日暮。□□□开轮。午餐后，同人又各奏乐器，笙琴笛管，无美不□。迭奏未已，继以清歌。愁人当此，虽可差解寂寥。然河满一声，奈何空唤；适足增我回肠荡气耳。枕上口占一绝，云：

子夜新声碧玉环，可怜肠断念家山。劝君莫把愁颜破，西望长安人未还。

行已有耻使于四方不辱君命论

　　间尝审时度势，窃叹我中国以仁厚之朝，而出洋之臣，何竟独无一人能体君心而达君意者乎？推其故，实由于行已不知耻也。《记》曰："哀莫大于心死。"心死者，诟之而不闻，曳之而不动，唾之而不怒，役之而不惭，刲之而不痛，糜之而不觉。则不知耻者，大抵皆心死者也。其行不甚卑乎！

　　……然而我中国之大臣，其少也不读一书，不知一物，以受搜检。抱八股韵，谓极宇宙之文。守高头讲章，谓穷天人之奥。是其在家时已忝然无耻也。即其仕也，不学军旅，而敢于掌兵。不识会计，而敢于理财。不习法律，而敢于司理。瞽聋跛疾，老而不死；年逾耄颐，犹恋栈豆。接见西官，栗栗变色。听言若闻雷，睹颜若谈虎。其下焉者，饱食无事，趋衙听鼓，旅进旅退，濡濡若驱群豕，曾不为耻。

是其行已如是。一旦衔君命，游四方……见有开矿产者，有习格致者，有图制作者，彼将曰区区小道，吾儒不屑为也。其实彼则不识时务者也。……此所以辱君命者。然则所耻者何？亦耻己之所不能者耳。己之所不能者，莫如各国之时务。首考其地理，次问其风俗，继稽夫人心。又必详察夫天文，观其分野而知其地舆。今日者，人臣苟能于其所不能而耻者……使于四方，又何至贻强邻之讪笑，而辱于君命乎？

吾尝考之：苏武使匈奴，匈奴欲降之，武不从，置窖中六日，武啮雪得不死。又迁之北海，卒不屈。是其不辱君命，非其行已有耻故乎！……虽羞恶之心，人皆有之。而何以今天下安于城下之辱，陵寝之蹂躏，宗社之震恐，边民之涂炭，而不思一雪，乃托虎穴以自庇。求为小朝廷，以乞旦夕之命，非明明无耻乎？朝睹烽燧，则苍黄瑟缩；夕闻和议，则歌舞太平。其人犹谓为有耻不得也。

诛卖国贼

我国推翻专制政府后，全国人民举欣欣然喜色相告，曰："汉族重兴，民权恢复；大地河山，洗净腥膻秽气；庄严古国，骤增万丈荣光。吾国为共和国，吾民为自由民。快哉！快哉！"

呜呼！曾几何时，孰知吾国民前所希望者，全属梦呓。非特不能使我艰难缔造之新邦，顿改旧观，且将以我黄帝经营之祖国，不断送于专制之时，而断送于共和之日；不断送于旧日之满清政府，而断送于现时之新人物。岂非可悲乎哉！

自新政府成立以来，肉食诸公，除互争意见，计算薪俸外，第一大政见，即大声疾呼曰：大借款！大借款！袁世凯主张之，唐绍仪附和之，而自命为理财家之财政总长熊希龄，竟挺身而出，独任其艰，日与资本团磋商。其结果也，乃竟承认外人于财政上变相之监督。而犹复掩耳盗铃，粉饰天下，引为己功，而置国家于不顾。呜呼！希龄！汝具何毒心，备何辣手；而敢悍然违反我民意！贪一己目前之利禄，而忘吾民日后之困苦！汝岂尚能容于世乎！抑知国为民有，官为民仆！汝既长民国之理财，当以民心为己心，民事为己事。民国以财政之权付汝，岂非欲倚重汝，视汝为出类拔萃者乎！吾民何负于汝，而汝乃负吾民国若此！且当军政时期，各省宣告独立，财政之四分五裂，纷如乱丝，犹可言也。今五族一家，大局已定，则当实行调查全国之财政，节者节之，裁者裁之，务归统一，而后权操中央。一面竭力提倡国民捐，或发行公债票，建国义产等，暂救眉急。乃希龄独不务此，沾沾焉唯债是求，岂尚有爱吾民国之心哉！夫债非不可借，要知不受外人之监督，以免权落人手，制我命脉，而后可。今国民捐之声，南方早已众口一致。而希龄竟充耳不闻欤！北方之国民捐之不踊跃，希龄之把持借债，有以致之。观今日告人曰"可望转圜"，明日告人曰"行将成立"。其眩人耳目，令人观望。此真有意陷吾民国于灭亡之一征也。其卖国之罪，庸可胜诛哉！

呜呼！事急矣！国危矣！昏聩胡涂之政府无望矣！然民国者，吾民之国也。吾民既为国之主人，当急起而自为之。彼全无心肝之熊希龄，吾民不诛之，何待！

闻济南兵变慨言

吾庄严灿烂之新民国，数百万铁血健儿造成之。乃何以破坏告终以来，某城兵变，某省兵变，警耗频传，日震击于吾人耳鼓。岂吾庄严灿烂之新民国，非破坏于数百万铁血健儿之手不已耶！

虽然，兵为凶器，勿戢自焚。彼握兵柄者，但知聚兵之术，而不知养兵之方；但知用兵之道，而不知治兵之法，吾于兵士何咎哉！

今济南之兵因停饷而哗溃，风声所播，最虑蔓延。军界诸公，速善其后，勿再纵兵以殃吾民也！

赵尔巽如何

俄窥蒙古，英伺西藏，而日人竟筹集三千万巨资，开设矿务公司，实行开采满洲各矿。强邻实逼，四面楚歌。新民国岂不岌岌乎其殆哉！

长白山为前清发祥之地，满政府反漠然轻视。但知崇陵之修筑，不知地利之是图。在日俄战争之前，几入俄人之掌中；日俄战争之后，又转入日人之势力范围。一矿犹可，而今各矿将采之。迹其经营之野心，非使吾东北一片领土，实隶其版图不已。三岛之民，何其设计之狠毒，而旁若无人耶！

虽然，吾不为日人咎，吾惟责吾民。囊日但服从于专制之下，而不知起而经营，坐使货弃于地，任外人之脔割。吾今为赵督告尔，宁去一官，当据条约以死争，毋以"力阻无效"四字为卸责地步。吾又愿吾民，亟起而为之后盾也。

我在西湖出家的经过

杭州这个地方，实堪称佛地；因为那边寺庙之多，约有两千余所，可想见杭州佛法之盛了。

最近越风社要出关于"西湖"的增刊，由黄居士来函要我作一篇《西湖与佛教之因缘》，我觉得这个题目的范围太广泛了，而且又无参考书在手，于短期间内是不能作成的。

所以现在就将我从前在西湖居住时，把那些值得追味的几件零碎的事情来说一说，也算是纪念我出家的经过。

1. 杭州之缘

我第一次到杭州，是光绪二十八年（1902年）七月（本篇所记的年月，皆依旧历）。

在杭州住了约莫一个月光景，但是并没有到寺院里去过。只记得有一次到涌金门外去吃过一回茶而已，而同时也就把西湖的风景，稍微看了一下子。

第二次到杭州时，那是民国元年的七月里，这回到杭州倒住得很久，一直住了近十年，可以说是很久的了。

我的住处在钱塘门内，离西湖很近，只两里路光景。

在钱塘门外，靠西湖边，有一所小茶馆，名景春园，我常常一个人出门，独自到景春园的楼上去吃茶。当民国初年的时候，西湖那边的情形，完全与现在两样；那时候还有城墙及很多柳树，都是很好看的。除了春秋两季的香会之外，西湖边的人总是很少，而钱塘门外，更是冷静了。

在景春园的楼下，有许多的茶客，都是那些摇船抬轿的劳动者居多。而在楼上吃茶的就只有我一个人了，所以我常常一个人在上面吃茶，同时还凭栏看看西湖的风景。

在茶馆的附近，就是那有名的大寺院——昭庆寺了。

我吃茶之后，也常常顺便地到那里去看一看。

当民国二年夏天的时候，我曾在西湖的广化寺里面住了好几天，但是住的地方，却不是在出家人的范围之内，那是在该寺的旁边，有一所叫作痘神祠的楼上。

痘神祠是广化寺专门为着要给那些在家的客人住的，当时我住在里面的时候，有时也曾到出家人所住的地方去看看，心里却感觉得很有意思呢！

记得那时我亦常常坐船到湖心亭去吃茶。

曾有一次，学校里有一位名人来演讲，那时，我和夏丏尊居士两人，却出门躲避，而到湖心亭上去吃茶呢！当时夏丏尊曾对我说："像我们这种人，出家做和尚倒是很好的！"那时候我听到这句话，就觉得很有意思，这可以说是我后来出家的一个原因了。

2. 虎跑寺断食

到了民国五年的夏天，我因为看到日本杂志中，有说及关于断食方法的，谓断食可以治疗各种疾病。当时我就起了一种好奇心，想来断食一下，因为我那个时候，患有神经衰弱症，若实行断食后，或者可以痊愈亦未可知。要行断食时，须于寒冷的季候方宜，所以我便预定十一月来作断食的时间。

至于断食的地点呢？总须先想一想，及考虑一下，似觉总要有个很幽静的地方才好。当时我就和西泠印社的叶品三君来商量，结果他说在西湖附近的地方，有一所虎跑寺，可作为断食的地点。

那么我就问他："既要到虎跑寺去，总要有人来介绍才对，究竟要请谁呢？"他说："有一位丁辅之，是虎跑的大护法，可以请他去说一说。"于是他便写信请丁辅之代为介绍了。

因为从前那个时候的虎跑，不是像现在这样热闹的；而是游客很少，且十分冷静的地方啊！若用来作为我断食的地点，可以说是最相宜的了。

到了十一月的时候，我还不曾亲自到过，于是我便托人到虎跑寺那边去走一趟，看看在哪一间房里住好。回来后，他说在方丈楼下的地方，倒很幽静的；因为那边的房子很多，且平常的时候都是关起来，客人是不能走进去的，而在方丈楼上则只有一位出家人住着而已，此外并没有什么人居住。

等到十一月底，我到了虎跑寺，就住在方丈楼下的那间屋子里了。我住进去以后，常常看到一位出家人在我的窗前经过（即是住在楼上的那一位）。我看到他却十分的欢喜呢！因此就时常和他来谈话，同时他也拿佛经来给我看。

我以前虽然从五岁时，即时常和出家人见面，时常看见出家人到我的家里念经及拜忏，而于十二三岁时，也曾学了放焰口，可是并没有和有道德的出家人住在一起，同时也不知道寺院中的内容是怎样，以及出家人的生活又是如何。

这回到虎跑去住，看到他们那种生活，却很欢喜而且羡慕起来了！

我虽然在那边只住了半个多月，但心里头却十分地愉快，而且对于他们所吃的菜蔬，更是喜欢吃，及回到了学校以后，我就请佣人依照他们那种样的菜煮来吃。

这一次，我到虎跑寺去断食，可以说是我出家的近因了。

3. 出家受戒

到了民国六年的下半年，我就发心吃素了。

在冬天的时候，即请了许多的经，如《普贤行愿品》《楞严经》及《大乘起信论》等很多的佛经，而于自己的房里，也供起佛像来，如地藏菩萨、观世音菩萨的像，于是亦天天烧香了。

到了这一年放年假的时候，我并没有回家去，而到虎跑寺里面去过年。我仍旧住在方丈楼下，那个时候，则更感觉得有兴味了。于是就发心出家，同时就想拜那位住在方丈楼上的出家人做师父。

他的名字是弘详师，可是他不肯我去拜他，而介绍我拜他的师父。他的师父是在松木场护国寺里面居住的，于是他就请他的师父回到虎跑寺来，而我也就于民国七年正月十五日受三皈依了。

我打算于此年的暑假来入山，而预先在寺里面住了一年后，然后再实行出家的。当这个时候，我就做了一件海青，及学习两堂功课。

在二月初五日那天，是我的母亲的忌日，于是我就先于两天以前到虎跑去，在那边背诵了三天的《地藏经》，为我的母亲回向。

到了五月底的时候，我就提前先考试，而于考试之后，即到虎跑寺入山了。到了寺中一日以后，即穿出家人的衣裳，而预备转年再剃度的。

及至七月初的时候，夏丐尊居士来，他看到我穿出家人的衣裳但还未出家，他就对我说："既住在寺里面，并且穿了出家人的衣裳，而不即出家，那是没有什么意思的，所以还是赶紧剃度好。"

我本来是想转年再出家的，但是承他的劝，于是就赶紧出家了。于七月十三日那一天，相传是大势至菩萨的圣诞，所以就在那天落发。

落发以后，仍须受戒的。于是由林同庄君的介绍，而到灵隐寺去受戒了。

灵隐寺是杭州规模最大的寺院，我一向是对它很欢喜的，我出家了以后曾到各处的大寺院看过，但是总没有像灵隐寺那么的好！

八月底，我就到灵隐寺去，寺中的方丈和尚却很客气，叫我住在客堂后面芸香阁的楼上。当时是由慧明法师做大师父的，有一天我在客堂里遇到这位法师了。他看到我时，就说起："既系来受戒的，为什么不进戒堂呢？虽然你在家的时候是读书人，但是读书人就能这样的随便吗？就是在家时是一个皇帝，我也是一样看待的。"那时方丈和尚仍是要我住在客堂楼上，而于戒堂里面有了紧要的佛事时，方去参加一两回的。

那时候我虽然不能和慧明法师时常见面，但是看到他那种的忠厚、笃实，却是令我佩服不已的。

受戒以后，我就住在虎跑寺内。到了十二月，即搬到玉泉寺去住，此后即常常到别处去，没有久住在西湖了。

4. 慧明法师

曾记得在民国十二年夏天的时候，我曾到杭州去过一回。那时正是慧明法师在灵隐寺讲《楞严经》的时候。

开讲的那一天，我去听他说法，因为好几年没有看到他，觉得他已苍老了不少，头发且已斑白，牙齿也大半脱落。我当时大为感动，于拜他的时候，不由泪落不止！

听说以后没有经过几年工夫，慧明法师就圆寂了。

关于慧明法师一生的事迹，出家人中晓得的很多，现在我且举几样事情，来说一说。

慧明法师是福建的汀州人。他穿的衣服却不考究，看起来很不像法师的样子，但他待人是很平等的。无论你是大好佬或是苦恼子，他都是一样地看待。

所以凡是出家在家的上中下各色各样的人物，对于慧明法师是没有一个不佩服的。

他老人家一生所做的事情固然很多，但是最奇特的，就是能教化"马溜子"（马溜子是出家流氓的称呼）了。

寺院里是不准这班马溜子居住的。他们总是住在凉亭里的时候为多，听到各处的寺院有人打斋的时候，他们就会集了赶斋（吃白饭）去。

在杭州这一带地方，马溜子是特别来得多。一般人总不把他们当人看待，而他们亦自暴自弃，无所不为的。

但是慧明法师却能够教化马溜子呢！

那些马溜子常到灵隐寺去看慧明法师，而他老人家却待他们很客气，并且布施他们种种好饮食，好衣服等。他们要什么就给什么，而慧明法师也有时对他们说几句佛法。

慧明法师的腿是有毛病的。出来入去的时候，总是坐轿子居多。

有一次他从外面坐轿回灵隐时，下了轿后，旁人看到慧明法师是没有穿裤子的，他们都觉得很奇怪，于是就问他道："法师为什么不穿裤子呢？"他说他在外面碰到了马溜子，因为向他要裤子，所以他连忙把裤子脱给他了。

关于慧明法师教化马溜子的事，外边的传说很多很多，我不过略举了这几样而已。不单那些马溜子对于慧明法师有很深的钦佩和信仰，即其他一般出家人，亦无不佩服的。

因为多年没有到杭州去了。西湖边上的马路、洋房也渐渐修筑得很多，而汽车也一天比一天增加，回想到我以前在西湖边上居住时，那种闲静幽雅的生活，真是如同隔世，现在只能托之于梦想了。

菩提树下的红尘恋

　　那样的一个女子，似哺育了她的富士山一般，有着宁静炽热的美。她温良谦恭，心性似她的名字纤尘不染——雪子，生于十九世纪的扶桑女子，和所有二八女孩一样，在涩如绽蓓的锦绣年华里，无数次的，于盈盈的烛光中，许下最纯真的爱情梦想。

　　或许，真的是老天有眼啊，她的祈愿在那一年终于成真。慈悲的佛祖让她于千万人中，遇到了那个叫李叔同的中国男人。四目相对的一刹那，他那由丰富人生阅历积累下来的洞悉人生的睿智眼神，瞬间便捕获了她的芳心。他比她大许多，并且，在故国家园里有妻有子，然而，她依旧爱了，倾心掏肺。

　　那个男人简直是个天才。音乐、诗词歌赋、篆刻、书法、绘画、表演几乎样样精通，像所有那个年代怀了一腔热忧却报国无门的热血青年一样，他追随他心中的领袖蔡元培，想闯出一条救国兴邦的康庄大道。然而，不幸的是，蔡元培遭人迫害，被当局通缉，作为同党的他亦难逃劫数，于是，无奈之下，他东渡日本，学习西洋油画与剧本创作，将满腔的悲愤和一身的才情，埋藏在沉默的丹青与跳动的音符之间。

彼时，他是她家的房客，她是他的画模，日夜在同一屋檐下相遇，久而久之，她入了他的画，他入了她的心。她炽热的爱，温暖了一颗飘在异乡的孤独的心。她爱他，为了他，不惜赴汤蹈火，而她要的却不多，一份真实的感情，一方茅檐低小的简单快乐，足以慰平生。然而她爱的这个男人，却不是可以乐不思归的蜀主刘禅，在他的世界里，家衰国落的痛，像一块经年的疤，于每一个阴天返潮，一次次的，将蚀骨的悲凉沁入一颗游子的爱国之心。

六年的相依相伴，他们在一起度过了一生中最静美的爱情时光。她多么希望就这样厮守到终老，然而她不知，他的心无时不系着他的祖国。

辛亥革命的成功，让一心报国的他再也无法在异国他乡的温柔里销蚀青春的大好年华，他回来了，带着一腔的热情与满腹的经纶回到了那片生养了他的土地上。他填《满江红》的词，为共和欢呼；他主编《太平洋报》，倡导精锐的思想和崭新的文化，长久压抑的生命在这片理想的乐土上重新丰润开来。

有爱不觉天涯远，她随着他，也来了，告别满树的樱花，来到这陌生的国度。

她不怨他，她爱他，她尊重他的选择。她站在那个男人的身后，把头深深地低进了尘埃里。为了他，她甘愿在这异国他乡忍受寂寞与孤独，只为心中那一份执子之手与子偕老的爱情之约。

然而，他的热情与她无怨无悔的付出并未得到时局的认同。军阀割据的残酷现实让他不得不在报纸被关闭后移师江浙。

又一次地，她跟了他，亦步亦趋。他就是她的家，有他在，她便是幸福快乐的。

他在学堂里教书育人，培养了一代名画家丰子恺与一代音乐家刘质平等文化名人。他仰慕佛法之宏大，喜欢青灯古佛相伴的宁静，于是，终于在某一日，他抛却了红尘，至虎跑寺断食十七日，身心灵化，遁入空门，法号弘一，从此一心向佛，普度众生。

从满头青丝坠落的那一刻起，他便从荣华富贵中抽身而去，俗世所有的绚烂都化作了脱俗后的平淡，而他对她的小爱，也必将从此转变成了对天下苍生的大爱。

她爱他敬他，可她的内心却还没有强大到可以静如止水地目送着爱情的离去。她泪流，百思却找不到答案。她不舍，她不服，追至他剃度修行的地方。于是，那一晨的西子湖畔，两舟相向时，便有了这样的一段对话。

她唤他："叔同——"

他驳她："请叫我弘一。"

她强忍着满眶的泪，说："弘一法师，请告诉我，什么是爱？"

他回她："爱，就是慈悲。"

他不敢看她，想来，他也是怕了，怕她那双泪眼会勾起昨日的种种你侬我侬，扰了自己那颗皈依佛门的净心。

她固执而绝望地看着他的眼睛，心底的疼痛，像秋日的湖水，柔软绵长，凉意无限。

他的身影消逝在苍茫的暮色里，甚至，没有道一声珍重。她悲伤得无以复加，她知道，不过是一个转身的距离，从此，便注定红尘相隔。她的爱，她的哀，她的悲，她的泪，从此都已成了这段爱情最后的华章。

一轮明月耀天心。无奈零落西风依旧。

放弃了尘世之爱，菩提树下的人生，注定将更为宏大丰厚：新文化的先驱、艺术家、教育家、思想家、第十一代律宗世祖……那个男人的生命达到了世人无法企及的高度。而我却在他圆寂前写下的"悲欣交集"的四个字里，分明听到了一个扶桑女子碎心的吟诵：

长亭外，古道边，芳草碧连天。

晚风拂柳笛声残，夕阳山外山。

天之涯，地之角，知交半零落。

一觚浊酒尽余欢，今宵别梦寒。

遇见精神的出生地

　　我一生中的大部分岁月都是在南方度过的，这其中，杭州是我人生道路发生重大转变的地方。作为一名高校的艺术教师，我在浙一师的六年执教生涯中业绩斐然，作为一个诸艺略通的人，那段时期也该算我艺术创作的一个鼎盛期吧；然而更重要的是，在杭州，我找到了自己精神上的归宿，最终步入了佛门。

　　一九一二年三月，我接受浙江两级师范学堂（次年更名为浙江第一师范学校）教务长经亨颐的邀请，来该校任教。我之所以决定辞去此前在上海《大学洋报》极为出色的主编工作，除了经亨颐的热情邀请之外，西湖的美景也是一个重要的原因。经亨颐就曾说，"我本性淡泊，辞去他处厚聘，乐居于杭，一半勾留是西湖。"

　　我那时已人到中年，而且渐渐厌倦了浮华声色，内心渴望一份安宁和平静，生活方式也渐渐变得内敛起来。我早在

《太平洋报》任职期间，平日里便喜欢离群索居，几乎是足不出户。而在这之前，无论是在我的出生和成长之地天津，还是在我"二十文章惊海内"的上海，抑或是在我渡洋留学以专攻艺术的日本东京，我一直都生活在风华旋裹的氛围之中，随着这种心境的转变，到杭州来工作和生活，便成了一个再合适不过的选择。

一九一八年八月十九日，农历七月十三，相传是大势至菩萨的圣诞，我便于这一天在虎跑寺正式剃发出家了，法名演音，号弘一。

到了九月下旬，我移锡灵隐受戒。正是在受戒期间，我辗转披读了马一孚送我的两本佛门律学典籍，分别是明清之际的二位高僧藕益智旭与见月宝华所著的《灵峰毗尼事义集要》和《宝华传戒正范》，不禁悲欣交集，发愿要让其时弛废已久的佛门律学重光于世。可以说，我后来的一切事物就是从事对佛教律学的研究，如果说因此取得了一点成绩，也正是从此开始起步的。

对于我的出家，历来众说纷纭，莫衷一是。其实，我为此写过一篇《我在西湖出家的经过》，对于自己出家的缘由与经过作了详细的介绍，无论如何，这在我看来，佛教为世人提供了一条对医治生命无常这一人生根本苦痛的道路，这使我觉得，没有比依佛法修行更为积极和更有意义的人生之路。当人们试图寻找各种各样的原因来解释我走向佛教的原因之时，不要忘记，最重要的原因其实正是来自佛教本身。就我皈依佛教而言，杭州可以说是我精神上的出生地。

遁入空门的修行

　　导致我出家的因素有很多，其中不乏小时候的家庭熏染，而有一些应该归功于我在浙江师范的经历。那种忙碌而充实的生活，将我在年轻时沾染上的一些所谓的名士习气洗刷干净，让我更加注重的是为人师表的道德修养的磨炼。因此我感受到了前所未有的清静和平淡，一种空灵的感觉在不知不觉中升起，并充斥到我的全身，就像小时候读佛经时的感觉，但比那时更清澈和明朗了。

　　民国初期，我来到杭州虎跑寺进行断食修炼，并于此间感悟到佛教的思想境界，于是便受具足戒，从此成为一介"比丘"，与孤灯、佛像、经书终日相伴。如果谈到我为何要选择在他人看来正是声名鹊起、该激流勇进的时候出家，我自己也说不太清楚，但我记得导致我出家决心的是我的朋友夏丏尊，他对我讲了一件事。他说他在一本日本杂志上看到一篇关于绝食修行的方法，这种方法可以帮助身心进行更新，从而达到除旧换新、改恶向善的目的，使人生出伟大的精神力量。他还告诉了我一些实行的方法及注意事项，并给了我一本参考书。我对此产生了浓厚的兴趣，总想找机会尝试一下，看看对自己的身心修养有没有帮助。这个念头产生后，就再也控制不了了，于是在当年暑假期间我就到寺中进行了三个星期的断食修炼。

修炼的过程还是很顺利的。第一个星期逐渐减少食量到不食，第二个星期除喝水以外不吃任何食物，第三个星期由喝粥逐渐增加到正常饮食。断食期间，并没有任何痛苦，也没有感到任何的不适，更没有心力交瘁、软弱无力的感觉。反而觉得身心轻快了很多、空灵了很多，心的感受力比以往更加灵敏了，并且颇有文思和洞察力，感觉就像脱胎换骨过了一样。

断食修炼后不久的一天，由一个朋友介绍来的彭先生，也来到寺里住下，不成想他只住了几天，就感悟到身心的舒适，竟由主持为其剃度，出家当了和尚。我看了这一切，受到极大的撞击和感染，于是由了悟禅师为我定了法名为演音，法号是弘一。但是我只归依了三宝，没有剃度，成为一个在家修行的居士。我本想就此以居士的身份，住在寺里进行修持，因为我也曾经考虑到出家的种种困难。然而我一个好朋友说的一句话让我彻底下了出家为僧的决心。

在我成为居士并住在寺里后，我的那位好朋友，再三邀请我到南京高师教课，我推辞不过，于是经常在杭州和南京两地奔走，有时一个月要数次。朋友劝我不要这样劳苦，我说："这是信仰的事情，不比寻常的名利，是不可以随便迁就或更改的。"我的朋友后悔不该强行邀请我在高师任教，于是我就经常安慰他，这反倒使他更加苦闷了。终于，有一天他对我说："与其这样做居士究竟不彻底，不如索性出家做了和尚，倒清爽！"这句话对我犹如醍醐灌顶，一语就警醒了我。是呀，做事做彻底，不干不净的很是麻烦。于是在这年暑假，我就把我在学校的一些东西分给了朋友和校工们，仅带了几件衣物和日常用品，回到虎跑寺剃度做了和尚。

有很多人猜测我出家的原因，而且争议颇多。我并不想去昭告天下，我为啥出家。因为每个人做事有每个人的原则、兴趣、方式方法以及对事物的理解，这些本就是永远不会相同的，就是说了他人也不会理解，所以干脆不说，慢慢他人就会淡忘的。至于我当时的心境，我想更多的是为了追求一种更高、更理想的方式，以教化自己和世人！

艺海畅游的乐趣

有人说我在出家前是书法家、画家、音乐家、诗人、戏剧家等，出家后这些造诣更深。其实不是这样的，所有这一切都是我的人生兴趣而已。我认为一个人在他有生之年应多学一些东西，不见得样样精通，如果能做到博学多闻就很好了，也不枉屈自己这一生一世。而我在出家后，拜印光大师为师，所有的精力都致力于佛法的探究上，全身心地去了解禅的含义，在这些兴趣上反倒不如以前痴迷了，也就荒疏了不少。然而，每当回忆起那段艺海生涯，总是有说不尽的乐趣！

记得在我十八岁那年，我与茶商之女俞氏结为夫妻。当时哥哥给了我三十万元做贺礼，于是我就买了一架钢琴，开始学习音乐方面的知识，并尝试着作曲。后来我与母亲和妻子搬到了上海法租界，由于上海有我家的产业，我可以以少东家的身份支取相当高的生活费用，也因此得以与上海的名流们交往。当时，上海域南有一个组织叫"城南文社"，每月都有文学比试，我投了三次稿，有幸的是每次都获得第一名。从而与文社的主事许涣元先生成为朋友，他为我们全家在南城草堂打扫了房屋，并让我们移居了过去，在那里我和他及另外三位文友结为金兰之好，还号称是"天涯五友"。后来我们共同成立了"上海书画公会"，每个星期都出版书画报纸，与那些志同道合的同仁们一起探讨研究书画及诗词歌赋。但是这个公会成立不久就解散了。

由于公会解散，而我的长子在出生后不久就夭折了，不久后我的母亲又过世了，多重不幸给我带来了不小的打击。于是我将母亲的遗体运回天津安葬，并把妻子和孩子一起带回天津，我独自一人前往日本求学。在日本我就读于日本当时美术界的最高学府——上野美术学校，而我当时的老师亦是日本最有名的画家之——黑田清辉。当时我除了学习绘画外，还努力学习音乐和作曲。那时我确实是沉浸在艺术的海洋中，那是一种真正的快乐享受。

我从日本回来后，政府的腐败统治导致国衰民困，金融市场更是惨淡，很多钱庄、票号都相继倒闭，我家的大部分财产也因此化为乌有了。我的生活也就不再像以前那样无忧无虑了，为此我到上海城东女校当老师去了，并且同时任《太平洋报》文艺版的主编。但是没多久报社被查封，我也为此丢掉了工作。大概几个月后我应聘到浙江师范学校担任绘画和音乐教员，那段时间是我在艺术领域里驰骋最潇洒自如的日子，也是我一生最忙碌、最充实的日子。如果说人类的情欲像一座煤矿，在不同的时期有不同的方式将自己的欲望转变为巨大的能量，而这种转变会因人而异，有大有小、有快有慢、有迟有早。我可能就属于后者，来得比较缓慢了。

断食日志

（说明：此为弘一大师于出家前两年在杭州大慈山虎跑寺试验断食时所记之经过。自入山至出山，首尾共二十天。对于起居身心，详载靡遗。据大师年谱所载，时为民国五年，大师三十七岁。）

丙辰嘉平一日始。断食后，易名欣，字叔同，黄昏老人，李息。

十一月廿二日，决定断食。祷诸大神之前，神诏断食，故决定之。

择录村井氏说：妻之经验。最初四日，预备半断食。六月五日、六日，粥，梅干。七日、八日，重汤，梅干。九日始断食，安静。饮用水一日五合，一回一合，分五六回服用。第二日，饥饿胸烧，舌生白苔。第三、四日，肩腕痛。

第四日，腹部全体凝固，体倦就床，晨轻晚重。第五日，同，稍轻减，坐起一度散步。第六日，轻减，气氛爽快，白苔消失，胸烧愈。第七日，晨平稳，断食期至此止。

后一日，摄重汤，轻二碗三回，梅干无味。后二日，同。后三日，粥，梅干，胡瓜，实入吸物。后四日，粥，吸物，少量刺身。后五日，粥，野菜，轻鱼。后六日，普通食，起床。此两三日，手足浮肿。

断食期内，或体痛不能眠，或下痢，或嚏。便时以不下床为宜。预备断食或一周间，粥三日，重汤四日。断食后或须一周间，重汤三日，粥四日，个半月体量恢复。半断食时服リチネ①。

到虎跑寺携带品：被褥帐枕，米，梅干，杨子，齿磨，手巾，手帕，便器，衣，洒水布，リチネ，日记纸笔书，番茶，镜。

预备期间：一日下午赴虎跑寺。上午闻玉去预备。中食饭，晚食粥，梅干。二日、三日、四日，粥，梅干。五日、六日、七日，重汤，梅干。八日至十七日断食。十八日、十九日、二十日，重汤，梅干。廿一日、廿二日、廿三日、廿四日，粥，梅干，轻菜食。廿五日返校，常食。廿八日返沪。

卅日晨，命闻玉携蚊帐，米，纸，糊，用具到虎跑。室

① リチネ：西药名，英文Richine。

039

宜清闲，无人迹，无人声，面南，日光遮北，以楼为宜。是晚食饭，拂拭大小便器、桌椅。

午后四时半入山，晚餐素菜六篓（音癸，盛食物的圆形器具），极鲜美。食饭二盂，尚未餍，因明日始即预备断食，强止之。榻于客堂楼下，室面南，设榻于西隅，可以迎朝阳。闻玉设榻于后一小室，仅隔一板壁，故呼应便捷。晚燃菜油灯，作楷 [字] 八十四字。白数日前病感冒，伤风微嗽，今日仍未愈。口干鼻塞，喉紧声哑，但精神如常。八时眠，夜间因楼上僧人足声时作，未能安眠。

十二月一日，晴，微风，五十度。断食前期第一日。疾稍愈，七时半起床。是日午十一时食粥二盂，紫苏叶二片，豆腐三小方。晚五时食粥二盂，紫苏叶二片，梅一枚。饮冷水三杯，有时混杏仁露，食小橘五枚。午后到寺外运动。

余平日之常课，为晨起冷水擦身，日光浴，眠前热水洗足。自今日起冷水擦身暂停，日光浴时间减短，洗足之热水改为温水，因欲使精神聚定，力避冷热极端之刺激也。对于后人断食者，应注意如下：

（一）未断食时练习多食冷开水。断食初期改食冷生水，渐次加多。因断食时日饮五杯冷水殊不易，且恐腹泻也。

（二）断食初期时之粥或米汤，于微温时食之，不可太热。因与冷水混合，恐致腹痛。

余每晨起后，必通大便一次。今晨如常，但十时后屡放屁不止。二时后又打嗝儿甚多，此为平日所无。是日书楷字百六十八，篆字百零八。夜观焰口，至九时始眠。夜微嗽多恶梦，未能入眠。

二日，晴和，五十度。断食前期第二日。七时半起床，晨起无大便。是日午前十一时食粥一盂，梅一枚，紫苏叶二片。午后五时同。饮冷水三杯，食橘子三枚，因运动归来体倦故。是日舌苔白，口内粘滞，上牙里皮脱。精神如常。运动微觉疲倦，头目眩晕。自明日始即不运动。

晚侍和尚念佛，静坐一小时。写字百三十二，是日鼻塞。摹大同造像一幅，原拓本自和尚假来，尚有三幅，明后续□□（似为"摹写"）。八时半眠，夜梦为升高跳越运动。其处为器具拍卖场，陈设箱柜几椅并玩具装饰品等。余跳越于上，或腾空飞行于其间，足不履地，灵捷异常，获优胜之名誉。旁观有德国工程师二人，皆能操北京语。一人谓有如此之技能，可以任远东大运动会之某种运动，必获优胜，余逊谢之。一人谓练习身体，断食最有效，吾二人已二日不食。余即告余现在虎跑断食，亦已预备二日矣。其旁又有一中国人，持一表，旁写题目，中并列长短之直红线数十条，如计算增减高低之表式，是记余跳越高低之顺序者。是人持以示余，谓某处由低而高而低之处，最不易跳越，赞余有超人之绝技。后余出门下土坡，屡遇西洋妇人，皆与余为礼，贺余运动之成功，余笑谢之。梦至此遂醒。余生平未尝为一次运动，亦未尝梦中运动，头脑中久无此思想，忽得此梦，至为可异，殆因胃内虚空有以致之欤？

三日，晴和，五十二度。断食前第三日。七时半起床。是晨觉饥饿，胸中搅乱，苦闷异常，口干饮冷水。勉坐起披衣，头昏心乱，发虚汗作呕，力不能支，仍和衣卧少时。饮梅茶二杯，乃起床，精神疲惫，四肢无力。九时后精神稍复元，食橘子二枚。是晨无大便，饮药油一剂，十时半软便一次，甚畅快。十一时水泻一次，精神颇佳，与平常无大异。十一时二十分食粥半盂，梅一个，紫苏一枚。摹普泰造像、天监造像二页。饮水，食物，喉痛，或因泉水性太烈，使喉内脱皮之故。午后四时，饮水后打嗝，食小梨一个，五时食粥半盂。是日感冒伤风已愈，但有时微嗽。是日午后及晚，侍和尚念佛静坐一小时。八时半眠。入山预断以来，即不能为长时之安眠，旋睡旋醒，辗转反侧。

四日，晴和，五十三度。断食前第四日。七时半起床。是晨气闷心跳口渴，但较昨晨则轻减多矣，饮冷水稍愈。起床后头微晕，四肢乏力。食小橘一枚，香蕉半个。八时半精神如常，上楼访弘声上人，借佛经三部。午后散步至山门，归来已觉微疲。是日打嗝儿甚多，口时作渴，一共饮冷水四大杯。写楷字八十四，篆字五十四。无大便。四时后头昏，精神稍减，食小橘二枚。是日十一时饮米汤二盂，食米粒二十余。八时就床，就床前食香蕉半个。自预备断食，每夜三时后腿痛，手足麻木（余前每逢严冬有此旧疾，但不甚剧）。

五日，晴和，五十三度。断食前第五日。七时半起床。是夜前半颇觉身体舒泰，后半夜仍腿痛，手足麻木。三时醒，口干，心微跳，较昨减轻。食香蕉半个，饮冷水稍眠。六时醒，气体甚好。起床后不似前二日之头晕乏力，精神如常，心胸愉快。到菜园采花供铁瓶。食梨半个，吐渣。自昨日起，多写字，觉左腰痛。是日腹中屡屡作响。时流鼻涕，喉中肿烂尚未愈。午后侍和尚念经静坐一小时，微觉腰痛，不如前日之稳静。三时食梨半个，吐渣。食香蕉半个。午、晚饮米汤一盂。写字百六十二。傍晚精神稍差，恶寒口渴。本定于后日起断食。改自明日起断食，奉神诏也。

断食期内，每日饮梨汁一个之分量，饮橘汁三小个之分量。饮毕漱口。又因信仰上每晨餐神供生白米一粒，将眠，食香蕉半个。是日无大便，七时就床。是夜神经过敏甚剧，加以鼠声、人鼾声，终夜未安眠。口甚干，后半夜腿痛稍轻，微觉肩痛。

六日，晴暖，晚半阴，五十六度。断食正期第一日。八时起床。三时醒，心跳胸闷，饮冷水橘汁及梅茶一杯。八时起床，手足乏力。头微晕，执笔作字殊乏力，精神不如昨日。八时半饮梅茶一杯。脑力渐衰，眼手不灵，写日记时有误字，多遗忘。九时半后精神稍可。十时后精神甚佳，口渴已愈。数日来喉中肿烂亦愈。今日到大殿去二次，计上下廿四级石阶四次，已觉足乏力，为以前所无。是日共饮梨汁一个，橘汁二个。傍晚精神不衰，较胜昨日，但足乏力耳。仍时流鼻涕，晚间精神尤佳。是日不觉如何饥饿。晚有便意，仅放屁数个，仍无便。是夜能安眠，前半夜尤稳安舒泰。眠前以棉花塞耳，并诵神人合一之旨。夜间腿痛已愈，但左肩微痛。七时就床，梦变为丰颜之少年，自谓系断食之效。

七日，阴复晴，夜大风，五十四度。断食正期第二日。六时半起床。四时醒，心跳微作即愈，较前二日减轻。饮冷水甚多。六时半即起床，因是日头晕已减轻，精神较昨日为佳，且天甚暖，故早起床也。起床后饮橘汁一枚。晨览《释迦如来应化事迹图》。八时后精神不振，打哈欠，口塞流鼻涕，但起立行动如常。午后身体寒益甚，拥被稍息。想出食物数种，他日试为之。炒饼、饼汤、虾仁豆腐、虾子面片、十锦丝、咸口瓜。三时起床，冷已愈，足力比昨日稍健。是日无大便，饮冷水较多。前半夜肩稍痛，须左右屡屡互易，后半夜已愈。

八日，阴，大风，寒，午后时露日光，五十度。断食正期第三日。十时起床。五时醒，气体至佳，如前数日之心跳头晕等皆无。因天寒大风，故起床较迟。起床后精神甚佳，手足有力，到院内散步。四时半就床，午后益寒，因早就床。是日食欲稍动，有时觉饥，并默想各种食物之种类及其滋味。是夜安眠，足关节稍痛。

九日，晴，寒，风，午后阴，四十八度。断食正期第四日。八时半起床。四时醒，气体极佳，与日常无异。起床后精神如常，手足有力。朝日照人，心目豁爽。小便后尿管微痛，因饮水太多之故。自今日始不饮梨橘汁，改饮盐梅茶二杯。午后因饮水过多，胸中苦闷。是日午前精神最佳，写字八十四，到菜圃散步。午后寒，一时拥被稍息。三时起床，室内运动。是日不感饥饿。因天寒五时半就床。

十日，阴，寒、四十七度。断食正期第五日。十时半起床。四时半醒，气体精神与昨同。起床后精神至佳。是日因寒故起床较迟。今日加饮盐汤一小杯。十一时杨、刘二君来谈至欢。因寒四时就床。是日写字半页。近日神经过敏已稍愈。故夜间较能安眠。但因昨日饮水过多伤胃，胃时苦闷，今日饮水较少。

十一日，阴寒，夕晴，四十七度。断食正期第六日。九时半起床。四时半醒，气体与昨同。夜间右足微痛，又胃部终不舒畅。是日口干，因寒起床稍迟。饮盐汤半杯，饮梨汁。夕晴，心目豁爽。写字百三十八。坐檐下曝日，四时就床，因寒早就床。是晚感谢神恩，誓必皈依。致福基书。

十二日，晨阴，大雾，寒，午后晴，四十八度。断食正期第七日。十一时起床。四时半醒，气体与昨同，足痛已愈，胃部已舒畅。口干，因寒不敢起床。十一时福基遣人送棉衣来，乃披衣起。饮梨汁及盐汤、橘汁。午后精神甚佳，耳目聪明，头脑爽快，胜于前数日。到菜圃散步。写字五十四。自昨日始，腹部有变动，微有便意，又有时稍感饥饿。是日饮水甚少。晚晴甚佳，四时半就床。

十三日，晨半晴阴，后晴和，夕风，五十四度。断食后期第一日。八时半起床。气体与昨同。晨饮淡米汤二盂，不知其味，屡有便意，口干后愈。饮梨汁橘汁。十一时饮浓米汤一盂，食梅干一个，不知其味。十一时服泻油少许，十一时半大便一次甚多。便色红，便时腹微痛，便后渐觉身体疲弱，手足无力。午后勉强到菜圃一次。是日不饮冷水。午前写字五十四。是日身体疲倦甚剧，断食正期未尝如是。胃口未开，不感饥饿，尤不愿饮米汤，是夕勉强饮一盂，不能再多饮。

十四日，晴，午前风，五十度。断食后期第二天。七时半起床。气体与昨同，夜间较能安眠。五时饮米汤一盂，口干，起床后精神较昨佳。大便轻泻一次，又饮米汤一盂，饮桔汁，食苹果半枚。是日因米汤梅干与胃口不合，于十一时饮薄藕粉一盂，炒米糕二片，极觉美味，精神亦骤加。精神复元，是日极愉快满足。一时饮薄藕粉一盂，米糕一片。写字三百八十四。腰腕稍痛，暗记诵《神乐歌序章》。四时食稀粥一盂，咸蛋半个，梅干一个，是日不感十分饥饿，如是已甚满足。五时半就床。

十五日，晴，四十九度。断食后期第三日。七时起床。夜间渐能眠，气体无异平时。拥衾饮茶一杯，食米糕三片。早食藕粉米糕，午前到佛堂菜圃散步，写字八十四。午食粥二盂，青菜咸蛋少许。夕食芋四个，极鲜美。食梨一个，橘二个。敬抄《御神乐歌》二页，暗记诵一、二、三下目。晚饮粥二盂，青菜咸蛋，少许梅干。晚食粥后，又食米糕饮茶，未能调和，胃不合，终夜屡打嗝儿，腹鸣。是日无大便，七时就床。

十六日，晴，四十九度。断食后期第四日。七时半起床。晨饮红茶一杯，食藕粉芋。午食薄粥三盂，青菜芋大半碗，极美。有生以来不知菜芋之味如是也。食橘，苹果，晚食与午同。是日午后出山门散步，诵《神乐歌》，甚愉快。入山以来，此为愉快之第一日矣。敬抄《神乐歌》七叶，暗记诵四、五下目。晚食后食烟一服。七时半就床，夜眠较迟，胃甚安，是日无大便。

十七日，晴暖，五十二度。断食后期第五日。七时起床。夜间仍不能多眠，晨饮泻油极少量。晨餐浓粥一盂，芋五个，仍不足，再食米糕三个，藕粉一盂。九时半大便一次，极畅快。到菜圃诵《御神乐歌》。中膳，米饭一盂，粥二盂，油炸豆腐一碗。本寺例初一、十五始食豆腐，今日特因僧人某死，葬资有余，故以之购食豆腐。午前后到山门外散步二次。拟定出山门后剃须。闻玉采萝卜来，食之至甘。晚膳粥三盂，豆腐青菜一盂，极美。今日抄《御神乐歌》五叶，暗记诵六下目。作书寄普慈。是日大便后愉快，晚膳后尤愉快，坐檐下久。拟定今后更名欣，字叔同。七时半就床。

十八日，阴，微雨，四十九度。断食后期最后一日。五时半起床。夜间酣眠八小时，甚畅快，入山以来未之有也。是晨早起，因欲食寺中早粥。起床后大便一次甚畅。六时半食浓粥三盂，豆腐青菜一盂，胃甚胀。坐菜圃小屋诵《神乐歌》，今日暗记诵七下目，敬抄《神乐歌》八叶。午，食饭二盂，豆腐青菜一盂，胃胀大，食烟一服。午后到山中散步，足力极健。采干花草数枝，松子数个。晚食浓粥二盂，青菜半盂，仅食此不敢再多，恐胃胀也。餐后胸中极感愉快。灯下写字五十四，辑订断食中字课，七时半就床。

十九日，阴，微雨，四时半起床。午后一时出山归校。嘱托闻玉事件：晚饭菜，橘子，做衣服附袖头。

廿二要：轿子油布，轿夫选择，新蚊帐，夜壶。自己事件：写真，付饭钱，致普慈信。

以除夕当死日

古人以除夕当死日。去一岁尽处，犹一生尽处。昔黄薛禅师云："预先若不打彻，腊月三十日到来，管取你手忙脚乱。"然则正月初一便理会除夕事不为早；初识人事时便理会死日不为早。那堪荏荏苒苒，悠悠扬扬，不觉少而壮，壮而老，老而死；况更有不及壮且老者，岂不重可哀哉？故须将除夕无常，时时警惕，自誓自要，不可依旧蹉跎去也。

改习惯

吾人因多生以来之夙习，及以今生自幼所受环境之熏染，而自然现于身口者，名曰习惯。

习惯有善有不善，今且言其不善者。常人对于不善之习惯，而略称之曰习惯。今依俗语而标题也。

在家人之教育，以矫正习惯为主。出家人亦尔。但近世出家人，惟尚谈玄说妙。于自己微细之习惯，固置之不问。即自己一言一动，极粗显易知之习惯，亦罕有加以注意者。可痛叹也。

余于三十岁时，即觉知自己恶习惯太重，颇思尽力对治。出家以来，恒战战兢兢，不敢任情适意。但自愧恶习太重，二十年来，所矫正者百无一二。

自今以后，愿努力痛改。更愿有缘诸道侣，亦皆奋袂兴起，同致力于此也。

吾人之习惯甚多。今欲改正，宜依如何之方法耶？若胪列多条，而一时改正，则心劳而效少，以余经验言之，宜先举一条乃至三四条，逐日努力检点，既已改正，后再逐渐增加可耳。

今春以来，有道侣数人，与余同研律学，颇注意于改正习惯。数月以来，稍有成效，今愿述其往事，以告诸公。但诸公欲自改其习惯，不必尽依此数条，尽可随宜酌定。余今所述者、特为诸公作参考耳。

学律诸道侣，已改正习惯，有七条。

一、食不言。现时中等以上各寺院，皆有此制，故改正甚易。

二、不非时食。初讲律时，即由大众自己发心，同持此戒。后来学者亦尔。遂成定例。

三、衣服朴素整齐。或有旧制，色质未能合宜者，暂作内衣，外罩如法之服。

四、别修礼诵等课程。每日除听讲、研究、抄写及随寺众课诵外，皆别自立礼诵等课程，尽力行之。或有每晨于佛前跪读法华经者，或有读华严经者，或有读金刚经者，或每日念佛一万以上者。

五、不闲谈。出家人每喜聚众闲谈，虚丧光阴，废弛道业，可悲可痛！今诸道侣，已能渐除此习。每于食后，或傍晚、休息之时，皆于树下檐边，或经行，或端坐，若默诵佛号，若朗读经文，若默然摄念。

六、不阅报。各地日报，社会新闻栏中，关于杀盗淫妄等事，记载最详。而淫欲诸事，尤描摹尽致。虽无淫欲之人，常阅报纸，亦必受其熏染，此为现代世俗教育家所痛慨者。故学律诸道侣，近已自己发心不阅报纸。

七、常劳动。出家人性多懒惰，不喜劳动。今学律诸道侣，皆已发心，每日扫除大殿及僧房檐下，并奋力作其他种种劳动之事。

以上已改正之习惯，共有七条。

尚有近来特实行改正之二条，亦附列于下：

一、食碗所剩饭粒。印光法师最不喜此事。若见剩饭粒者、即当面痛诃斥之。所谓施主一粒米、恩重大如山也。但若烂粥烂面留滞碗上、不易除去者，则非此限。

二、坐时注意威仪。垂足坐时、双腿平列。不宜左右互相翘架，更不宜耸立或直伸。余于在家时、已改此习惯。且现代出家人普通之威仪，亦不许如此。想此习惯不难改正也。

总之，学律诸道侣，改正习惯时，皆由自己发心。决无人出命令而禁止之也。

三十八年农历端阳前夕子时于榕舍外院

改过实验谈

今值旧历新年，请观厦门全市之中，新气象充满，门户贴新春联，人多着新衣，口言恭贺新喜、新年大吉等。我等素信佛法之人，当此万象更新时，亦应一新乃可。我等所谓新者何，亦如常人贴新春联、着新衣等以为新乎？曰：不然。我等所谓新者，乃是改过自新也。但"改过自新"四字范围太广，若欲演讲，不知从何说起。今且就余五十年来修省改过所实验者，略举数端为诸君言之。

余于讲说之前，有须预陈者，即是以下所引诸书，虽多出于儒书，而实合于佛法。因谈玄说妙修证次第，自以佛书最为详尽。而我等初学之人，持躬敦品、处事接物等法，虽佛书中亦有说者，但儒书所说，尤为明白详尽适于初学。故今多引之，以为吾等学佛法者之一助焉。以下分为总论别示二门。

总论者即是说明改过之次第：

1. 学　须先多读佛书儒书，详知善恶之区别及改过迁善之法。倘因佛儒诸书浩如烟海，无力遍读，而亦难于了解者，可以先读格言联璧一部。余自儿时，即读此书。皈信佛法以后，亦常常翻阅，甚觉其亲切而有味也。此书佛学书局有排印本甚精。

2. 省　既已学矣，即须常常自己省察，所有一言一动，为善欤，为恶欤？若为恶者，即当痛改。除时时注意改过之外，又于每日临睡时，再将一日所行之事，详细思之。能每日写录日记，尤善。

3. 改　省察以后，若知是过，即力改之。诸君应知改过之事，乃是十分光明磊落，足以表示伟大之人格。故子贡云："君子之过也，如日月之食焉；过也人皆见之，更也人皆仰之。"又古人云："过而能知，可以谓明。知而能改，可以即圣。"诸君可不勉乎！

别示者，即是分别说明余五十年来改过迁善之事。但其事甚多，不可胜举。今且举十条为常人所不甚注意者，先与诸君言之。华严经中皆用十之数目，乃是用十以表示无尽之意。今余说改过之事，仅举十条，亦尔；正以示余之过失甚多，实无尽也。此次讲说时间甚短，每条之中仅略明大意，未能详言，若欲知者，且俟他日面谈耳。

1. 虚心　常人不解善恶，不畏因果，决不承认自己有过，更何论改？但古圣贤则不然。今举数例：孔子曰：

"五十以学易，可以无大过矣。"又曰："闻义不能徙，不善不能改，是吾忧也。"蘧伯玉为当时之贤人，彼使人于孔子。孔子与之坐而问焉，曰："夫子何为？"对曰："夫子欲寡其过而未能也。"圣贤尚如此虚心，我等可以贡高自满乎！

2. 慎独　吾等凡有所作所为，起念动心，佛菩萨乃至诸鬼神等，无不尽知尽见。若时时作如是想，自不敢胡作非为。曾子曰："十目所视，十手所指，其严乎！"又引诗云："战战兢兢，如临深渊，如履薄冰。"此数语为余所常常忆念不忘者也。

3. 宽厚　造物所忌，曰刻曰巧。圣贤处事，唯宽唯厚。古训甚多，今不详录。

4. 吃亏　古人云："我不识何等为君子，但看每事肯吃亏的便是。我不识何等为小人，但看每事好便宜的便是。"古时有贤人某临终，子孙请遗训，贤人曰："无他言，尔等只要学吃亏。"

5. 寡言　此事最为紧要。孔子云"驷不及舌"，可畏哉！古训甚多，今不详录。

6. 不说人过　古人云："时时检点自己且不暇，岂有功夫检点他人。"孔子亦云："躬自厚而薄责于人。"以上数语，余常不敢忘。

7. 不文己过　子夏曰："小人之过也必文。"我众须知文过乃是最可耻之事。

8. 不覆己过　我等倘有得罪他人之处，即须发大惭愧，生大恐惧。发露陈谢，忏悔前愆。万不可顾惜体面，隐忍不言，自诳自欺。

9. 闻谤不辩　古人云："何以息谤？曰：无辩。"又云："吃得小亏，则不至于吃大亏。"余三十年来屡次经验，深信此数语真实不虚。

10. 不嗔　嗔习最不易除。古贤云："二十年治一怒字，尚未消磨得尽。"但我等亦不可不尽力对治也。华严经云："一念嗔心，能开百万障门。"可不畏哉！

因限于时间，以上所言者殊略，但亦可知改过之大意。最后，余尚有数言，愿为诸君陈者：改过之事，言之似易，行之甚难。故有屡改而屡犯，自己未能强作主宰者，实由无始宿业所致也。务请诸君更须常常持诵阿弥陀佛名号，观世音地藏诸大菩萨名号，至诚至敬，恳切忏悔无始宿业，冥冥中自有不可思议之感应。承佛菩萨慈力加被，业消智朗，则改过自新之事，庶几可以圆满成就，现生优入圣贤之域，命终往生极乐之邦，此可为诸君预贺者也。

常人于新年时，彼此晤面，皆云恭喜，所以贺其将得名利。余此次于新年时，与诸君晤面，亦云恭喜，所以贺诸君将能真实改过不久将为贤为圣；不久决定往生极乐，速成佛道，分身十方，普能利益一切众生耳。

南闽十年之梦影

我一到南普陀寺，就想来养正院和诸位法师讲谈讲谈，原定的题目是"余之忏悔"，说来话长，非十几小时不能讲完；近来因为讲律，须得把讲稿写好，总抽不出一个时间来，心里又怕负了自己的初愿，只好抽出很短的时间，来和诸位谈谈，谈我在南闽十年中的几件事情！

我第一回到南闽，在一九二八年的十一月，是从上海来的。起初还是在温州，我在温州住得很久，差不多有十年光景。

由温州到上海，是为着编辑护生画集的事，和朋友商量一切；到十一月底，才把护生画集编好。

那时我听人说：尤惜阴居士也在上海。他是我旧时很要好的朋友，我就想去看一看他。一天下午，我去看尤居士，居士说要到暹罗国去，第二天一早就要动身的。我听了觉得很喜欢，于是也想和他一道去。

我就在十几小时中，急急地预备着。第二天早晨，天还没大亮，就赶到轮船码头，和尤居士一起动身到暹罗国去了。从上海到暹罗，是要经过厦门的，料不到这就成了我来厦门的因缘。十二月初，到了厦门，承陈敬贤居士的招待，也在他们的楼上吃过午饭，后来陈居士就介绍我到南普陀寺来。那时的南普陀，和现在不同，马路还没有建筑，我是坐着轿子到寺里来的。

到了南普陀寺，就在方丈楼上住了几天。时常来谈天的，有性愿老法师、芝峰法师等。芝峰法师和我同在温州，虽不曾见过面，却是很相契的。现在突然在南普陀寺晤见了，真是说不出的高兴。

我本来是要到暹罗去的，因着诸位法师的挽留，就留滞在厦门，不想到暹罗国去了。

在厦门住了几天，又到小云峰那边去过年。一直到正月半以后才回到厦门，住在闽南佛学院的小楼上，约莫住了三个月工夫。看到院里面的学僧虽然只有二十几位，他们的态度都很文雅，而且很有礼貌，和教职员的感情也很不差，我当时很赞美他们。

这时芝峰法师就谈起佛学院里的课程来。他说：

"门类分得很多，时间的分配却很少，这样下去，怕没有什么成绩吧？"

因此，我表示了一点意见，大约是说：

"把英文和算术等删掉，佛学却不可减少，而且还得增加，就把腾出来的时间教佛学吧！"

他们都很赞成。听说从此以后，学生们的成绩，确比以前好得多了！

我在佛学院的小楼上，一直住到四月间，怕将来的天气更会热起来，于是又回到温州去。

第二回到南闽，是在一九二九年十月。起初在南普陀寺住了几天，以后因为寺里要做水陆，又搬到太平岩去住。等到水陆圆满，又回到寺里，在前面的老功德楼住着。

当时闽南佛学院的学生，忽然增加了两倍多，约有六十多位，管理方面不免感到困难。虽然竭力的整顿，终不能恢复以前的样子。

不久，我又到小雪峰去过年，正月半才到承天寺来。

那时性愿老法师也在承天寺，在起草章程，说是想办什么研究社。

不久，研究社成立了，景象很好，真所谓"人才济济"，很有一种难以形容的盛况。现在妙释寺的善契师，南山寺的传证师，以及已故南普陀寺的广究师……都是那时候的学僧哩！

研究社初办的几个月间，常住的经忏很少，每天有工夫上课，所以成绩卓著，为别处所少有。

当时我也在那边教了两回写字的方法，遇有闲空，又拿寺里那些古版的藏经来整理整理，后来还编成目录，至今留在那边。这样在寺里约莫住了三个月，到四月，怕天气要热起来，又回到温州去。

一九三一年九月，广洽法师写信来，说很盼望我到厦门去。当时我就从温州动身到上海，预备再到厦门；但许多朋友都说：时局不大安定，远行颇不相宜，于是我只好仍回温州。直到转年（即一九三二年）十月，到了厦门，计算起来，已是第三回了！

到厦门之后，由性愿老法师介绍，到山边岩去住；但其间妙释寺也去住了几天。

那时我虽然没有到南普陀来住；但佛学院的学僧和教职员，却是常常来妙释寺谈天的。

一九三三年正月廿一日，我开始在妙释寺讲律。

这年五月，又移到开元寺去。

当时许多学律的僧众，都能勇猛精进，一天到晚的用功，从没有空过的工夫；就是秩序方面也很好，大家都啧啧的称赞着。

有一天，已是黄昏时候了！我在学僧们宿舍前面的大树下立着，各房灯火发出很亮的光；诵经之声，又复朗朗入耳，一时心中觉得有无限的欢慰！可是这种良好的景象，不能长久的继续下去，恍如昙花一现，不久就消失了。但是当时的景象，却很深的印在我的脑中，现在回想起来，还如在大树底下目睹一般。这是永远不会消灭，永远不会忘记的啊！

十一月，我搬到草庵来过年。

一九三四年二月，又回到南普陀。

当时旧友大半散了；佛学院中的教职员和学僧，也没有一位元认识的！

我这一回到南普陀寺来，是准了常惺法师的约，来整顿僧教育的。后来我观察情形，觉得因缘还没有成熟，要想整顿，一时也无从着手，所以就作罢了。此后并没有到闽南佛学院去。

讲到这里，我顺便将我个人对于僧教育的意见，说明一下：

我平时对于佛教是不愿意去分别哪一宗、哪一派的，因为我觉得各宗各派，都各有各的长处。

但是有一点，我以为无论哪一宗哪一派的学僧，却非深信不可，那就是佛教的基本原则，就是深信善恶因果报应的道理。——善有善报，恶有恶报；同时还须深信佛菩萨的灵感！这不仅初级的学僧应该这样，就是升到佛教大学也要这样！

善恶因果报应和佛菩萨的灵感道理，虽然很容易懂；可是能彻底相信的却不多。这所谓信，不是口头说说的信，是要内心切切实实去信的呀！

咳！这很容易明白的道理，若要切切实实地去信，却不容易啊！

我以为无论如何，必须深信善恶因果报应和诸佛菩萨灵感的道理，才有做佛教徒的资格！

须知善有善报，恶有恶报，这种因果报应，是丝毫不爽的！又须知我们一个人所有的行为，一举一动，以至起心动念，诸佛菩萨都看得清清楚楚！

一个人若能这样十分决定地信着，他的品行道德，自然会一天比一天地高起来！

要晓得我们出家人，就所谓"僧宝"，在俗家人之上，地位是很高的。所以品行道德，也要在俗家人之上才行！

倘品行道德仅能和俗家人相等，那已经难为情了！何况不如？又何况十分的不如呢？……咳！……这样他们看出家人就要十分的轻慢，十分的鄙视，种种讥笑的话，也接连的来了……

记得我将要出家的时候，有一位在北京的老朋友写信来劝告我，你知道他劝告的是什么，他说：

"听到你要不做人，要做僧去……"

咳！……我们听到了这话，该是怎样的痛心啊！他以为做僧的，都不是人，简直把僧不当人看了！你想，这句话多么厉害呀！

出家人何以不是人？为什么被人轻慢到这地步？我们都得自己反省一下！我想：这原因都由于我们出家人做人太随便的缘故；种种太随便了，就闹出这样的话柄来了。

至于为什么会随便呢？那就是由于不能深信善恶因果报应和诸佛菩萨灵感的道理的缘故。倘若我们能够真正生信，十分决定的信，我想就是把你的脑袋斫掉，也不肯随便的了！

以上所说，并不是单单养正院的学僧应该牢记，就是佛教大学的学僧也应该牢记，相信善恶因果报应和诸佛菩萨灵感不爽的道理！

就我个人而论，已经是将近六十的人了，出家已有二十年，但我依旧喜欢看这类的书！——记载善恶因果报应和佛菩萨灵感的书。

我近来省察自己，觉得自己越弄越不像了！所以我要常常研究这一类的书：希望我的品行道德，一天高尚一天；希望能够改过迁善，做一个好人；又因为我想做一个好人，同时我也希望诸位都做好人！

这一段话，虽然是我勉励我自己的，但我很希望诸位也能照样去实行！

关于善恶因果报应和佛菩萨灵感的书，印光老法师在苏州所办的弘化社那边印得很多，定价也很低廉，诸位若要看的话，可托广洽法师写信去购请，或者他们会赠送也未可知。

以上是我个人对于僧教育的一点意见。下面我再来说几样事情：

我于一九三五年到惠安净峰寺去住。到十一月，忽然生了一场大病，所以我就搬到草庵来养病。

这一回的大病，可以说是我一生的大纪念！

我于一九三六年的正月，扶病到南普陀寺来。在病床上有一只钟，比其他的钟总要慢两刻，别人看到了，总是说这个钟不准，我说：

"这是草庵钟。"

别人听了"草庵钟"三字还是不懂，难道天下的钟也有许多不同的么？现在就让我详详细细的来说个明白：

我那一回大病，在草庵住了一个多月。摆在病床上的钟，是以草庵的钟为标准的。而草庵的钟，总比一般的钟要慢半点。

我以后虽然移到南普陀，但我的钟还是那个样子，比平常的钟慢两刻，所以"草庵钟"就成了一个名词了。这件事由别人看来，也许以为是很好笑的吧！但我觉得很有意思！因为我看到这个钟，就想到我在草庵生大病的情形了，往往使我发大惭愧，惭愧我德薄业重。

我要自己时时发大惭愧，我总是故意地把钟改慢两刻，照草庵那钟的样子，不止当时如此，到现在还是如此，而且愿尽形寿，常常如此。

以后在南普陀住了几个月，于五月间，才到鼓浪屿日光岩去。十二月仍回南普陀。

到今年一九三七年，我在闽南居住，算起来，首尾已是十年了。

回想我在这十年之中，在闽南所做的事情，成功的却是很少很少，残缺破碎的居其大半，所以我常常自己反省，觉得自己的德行，实在十分欠缺！

因此近来我自己起了一个名字，叫"二一老人"。什么叫"二一老人"呢？这有我自己的根据。

记得古人有句诗：

"一事无成人渐老。"

清初吴梅村（伟业）临终的绝命词有：

"一钱不值何消说。"

这两句诗的开头都是"一"字，所以我用来做自己的名字，叫作"二一老人"。

因此我十年来在闽南所做的事，虽然不完满，而我也不怎样地去求他完满了！

诸位要晓得：我的性情是很特别的，我只希望我的事情失败，因为事情失败、不完满，这才使我常常发大惭愧！能够晓得自己的德行欠缺，自己的修善不足，那我才可努力用功，努力改过迁善！

一个人如果事情做完满了，那么这个人就会心满意足，洋洋得意，反而增长他贡高我慢的念头，生出种种的过失来！所以还是不去希望完满的好！

不论什么事，总希望他失败，失败才会发大惭愧！倘若因成功而得意，那就不得了啦！

我近来，每每想到"二一老人"这个名字，觉得很有意味！

这"二一老人"的名字，也可以算是我在闽南居住了十年的一个最好的纪念！

最后之忏悔

　　佛教养正院已办有四年了。诸位同学初来的时候,身体很小,经过四年之久,身体皆大起来了,有的和我也差不多。啊!光阴很快。人生在世,自幼年至中年,自中年至老年,虽然经过几十年之光景,实与一会儿差不多。就我自己而论,我的年纪将到六十了,回想从小孩子的时候起到现在,种种经过如在目前;啊!我想我以往经过的情形,只有一句话可以对诸位说,就是"不堪回首"而已。

　　我常自来想,啊!我是一个禽兽吗?好像不是,因为我还是一个人身。我的天良丧尽了吗?好像还没有,因为我尚有一线天良常常想念自己的过失。我从小孩子起一直到现在都埋头造恶吗?好像也不是,因为我小孩子的时候,常行袁了凡的功过格。三十岁以后,很注意于修养,初出家时,也不是没有道心。虽然如此,但出家以后一直到现在,便大不同了：因为出家以后二十年之中，一天比一天堕落，身体虽然不是禽兽，而心则与禽兽差不多。天良虽然没有完全丧尽，但是惛愦糊涂，一天比一天利害，抑或与天良丧尽也差不多了。讲到埋头造恶的一句话，我自从出家以后，恶念一天比一天增加，善念一天比一天退失，一直到现在，可以说是醇乎其醇的一个埋头造恶的人，这个无须客气也无须谦让了。

就以上所说看起来，我从出家后已经堕落到这种地步，真可令人惊叹；其中到闽南以后十年的工夫，尤其是堕落的堕落。去年春间曾经在养正院讲过一次，所讲的题目就是"南闽十年之梦影"，那一次所讲的，字字之中都可以看到我的泪痕，诸位应当还记得吧。

可是到了今年，比去年更不像样子了；自从正月二十到泉州，这两个月之中，弄得不知所云。不只我自己看不过去；就是我的朋友也说我以前如闲云野鹤，独往独来，随意栖止，何以近来竟大改常度，到处演讲，常常见客，时时宴会，简直变成一个"应酬的和尚"了，这是我的朋友所讲的。啊！"应酬的和尚"这五个字，我想我自己近来倒很有几分相像。

如是在泉州住了两个月以后，又到惠安到厦门到漳州，都是继续前稿；除了利养，还是名闻，除了名闻，还是利养。日常生活，总不在名闻利养之外，虽在瑞竹岩住了两个月，稍少闲静，但是不久，又到祈保亭冒充善知识，受了许多的善男信女的礼拜供养，可以说是惭愧已极了。

九月又到安海住了一个月，十分的热闹。近来再到泉州，虽然时常起一种恐惧厌离的心，但是仍不免向这一条名闻利养的路上前进。可是近来也有件可庆幸的事，因为我近来得到永春十五岁小孩子的一封信。他劝我以后不可常常宴会，要养静用功；信中又说起他近来的生活，如吟诗、赏月、看花、静坐等，洋洋千言的一封信。啊！他是一个十五岁的小孩子，竟有如此高尚的思想，正当的见解；我看到他这一封信，真是惭愧万分了。我自从得到他的信以后，就以十分坚决的心谢绝宴会，虽然得罪了别人，也不管他，这个也可算是近来一件可庆幸的事了。

虽然是如此，但我的过失也太多了，可以说是从头至足，没有一处无过失，岂只谢绝宴会就算了结了吗？尤其是今年几个月之中，极力冒充善知识，实在是太为佛门丢脸。别人或者能够原谅我；但我对我自己，绝不能够原谅，断不能如此马马虎虎的过去。所以我近来对人讲话的时候，绝不顾惜情面，决定赶快料理没有了结的事情，将"法师""老法师""律师"等名目一概取消，将学人、侍者等一概辞谢；孑然一身，遂我初服，这个或者亦是我一生的大结束了。

啊！再过一个多月，我的年纪要到六十了。像我出家以来，既然是无惭无愧，埋头造恶，所以到现在所做的事，大半支离破碎不能圆满，这个也是份所当然。只有对于养正院诸位同学，相处四年之久，有点不能忘情；我很盼望养正院从此以后能够复兴起来，为全国模范的僧学院。可是我的年纪老了，又没有道德学问，我以后对于养正院也只可说"爱莫能助"了。

啊！与诸位同学谈得时间也太久了，且用古人的诗来作临别赠言。诗云：

未济终焉心飘渺，万事都从缺陷好。

吟到夕阳山外山，古今谁免余情绕。

人生之最后

岁次壬申十二月，厦门妙释寺念佛会请余讲演，录写此稿。于时了识律师卧病不起，日夜愁苦。见此讲稿，悲欣交集，遂放下身心，屏弃医药，努力念佛。并扶病起，礼大悲忏，吭声唱诵，长跪经时，勇猛精进，超胜常人。见者闻者，靡不为之惊喜赞叹，谓感动之力有如是剧且大耶。余因念此稿虽仅数纸，而皆撮录古今嘉言及自所经验，乐简略者或有所取。及为治定，付刊流布焉。弘一演音记。

第一章　绪言

古诗云："我见他人死，我心热如火，不是热他人，看看轮到我。"人生最后一段大事，岂可须臾忘耶！令为讲述，次分六章，如下所列。

第二章 病重时

当病重时，应将一切家事及自己身体悉皆放下。专意念佛，一心希冀往生西方。能如是者，如寿已尽，决定往生。如寿未尽，虽求往生而病反能速愈，因心至专诚，故能灭除宿世恶业也。倘不如是放下一切专意念佛者，如寿已尽，决定不能往生，因自己专求病愈不求往生，无由往生故。如寿未尽，因其一心希望病愈，妄生忧怖，不惟不能速愈，反更增加病苦耳。

病未重时，亦可服药，但仍须精进念佛，勿作服药愈病之想。病既重时，可以不服药也。余昔卧病石室，有劝延医服药者，说偈谢云："阿弥陀佛，无上医王，舍此不求，是谓痴狂。一句弥陀，阿伽陀药，舍此不服，是谓大错。"因平日既信净土法门，谆谆为人讲说。今自患病，何反舍此而求医药，可不谓为痴狂大错耶！

若病重时，痛苦甚剧者，切勿惊惶。因此病苦，乃宿世业障。或亦是转未来三途恶道之苦，于今生轻受，以速了偿也。

自己所有衣服诸物，宜于病重之时，即施他人。若依地藏菩萨本愿经，如来赞叹品所言供养经像等，则弥善矣。

若病重时，神识犹清，应请善知识为之说法，尽力安慰。举病者今生所修善业，一一详言而赞叹之，令病者心生欢喜，无有疑虑。自知命终之后，承斯善业，决定生西。

第三章 临终时

临终之际，切勿询问遗嘱，亦勿闲谈杂话。恐彼牵动爱情，贪恋世间，有碍往生耳。若欲留遗嘱者，应于康健时书写，付人保藏。

倘自言欲沐浴更衣者，则可顺其所欲而试为之。若言不欲，或噤口不能言者，皆不须强为。因常人命终之前，身体不免痛苦。倘强为移动沐浴更衣，则痛苦将更加剧。世有发愿生西之人，临终为眷属等移动扰乱，破坏其正念，遂致不能往生者，甚多甚多。又有临终可生善道，乃为他人误触，遂起嗔心，而牵入恶道者，如经所载阿耆达王死堕蛇身，岂不可畏。

临终时，或坐或卧，皆随其意，未宜勉强。若自觉气力衰弱者，尽可卧床，勿求好看勉力坐起。卧时，本应面西右胁侧卧。若因身体痛苦，改为仰卧，或面东左胁侧卧者，亦任其自然，不可强制。

大众助念佛时，应请阿弥陀佛接引像，供于病人卧室，令彼瞩视。

助念之人，多少不拘。人多者，宜轮班念，相续不断。或念六字，或念四字，或快或慢，皆须预问病人，随其平日习惯及好乐者念之，病人乃能相随默念。今见助念者皆随己意，不问病人，既已违其平日习惯及好乐，何能相随默念。余愿自今以后，凡任助念者，于此一事切宜留意。

又寻常助念者，皆用引磬小木鱼。以余经验言之，神经衰弱者，病时甚畏引磬及小木鱼声，因其声尖锐，刺激神经，反令心神不宁。若依余意，应免除引磬小木鱼，仅用音声助念，最为妥当。或改为大钟大磬大木鱼，其声宏壮，闻者能起肃敬之念，实胜于引磬小木鱼也。但人之所好，各有不同。此事必须预先向病人详细问明，随其所好而试行之。或有未宜，尽可随时改变，万勿固执。

第四章 命终后一日

既已命终，最切要者，不可急忙移动。虽身染便秽，亦勿即为洗涤。必须经过八小时后，乃能浴身更衣。常人皆不注意此事，而最要紧。唯望广劝同人，依此谨慎行之。

命终前后，家人万不可哭。哭有何益，能尽力帮助念佛乃于亡者有实益耳。若必欲哭者，须俟命终八小时后。

顶门温暖之说，虽有所据，然亦不可固执。但能平日信愿真切，临终正念分明者，即可证其往生。

命终之后，念佛已毕，即锁房门。深防他人入内，误触亡者。必须经过八小时后，乃能浴身更衣。（前文已言，今再谆嘱，切记切记。）因八小时内若移动者，亡人虽不能言，亦觉痛苦。

八小时后着衣，若手足关节硬，不能转动者，应以热水淋洗。用布搅热水，围于臂肘膝弯。不久即可活动，有如生人。

殓衣宜用旧物，不用新者。其新衣应布施他人，能令亡者获福。

不宜用好棺木，亦不宜做大坟。此等奢侈事，皆不利于亡人。

第五章 荐亡等事

七七日内，欲延僧众荐亡，以念佛为主。若诵经拜忏焰口水陆等事，虽有不可思议功德，然现今僧众视为具文，敷衍了事，不能如法，罕有实益。印光法师文钞中屡斥诫之，谓其惟属场面，徒作虚套。若专念佛，则人人能念，最为切实，能获莫大之利矣。

如请僧众念佛时，家族亦应随念。但女众宜在自室或布帐之内，免生讥议。

凡念佛等一切功德，皆宜回向普及法界众生，则其功德乃能广大，而亡者所获利益亦更因之增长。

开吊时，宜用素斋，万勿用荤，致杀害生命，大不利于亡人。

出丧仪文，切勿铺张。毋图生者好看，应为亡者惜福也。

七七以后，亦应常行追荐以尽孝思。莲池大师谓年中常须追荐先亡。不得谓已得解脱，遂不举行耳。

第六章 劝请发起临终助念会

此事最为切要。应于城乡各地，多多设立。饬终津梁中有详细章程，宜检阅之。

第七章 结语

残年将尽，不久即是腊月三十日，为一年最后。若未将钱财预备稳妥，则债主纷来，如何抵挡。吾人临命终时，乃是一生之腊月三十日，为人生最后。若未将往生资粮预备稳妥，必致手忙脚乱呼爷叫娘，多生恶业一齐现前，如何摆脱。临终虽恃他人助念，诸事如法。但自己亦须平日修持，乃可临终自在。奉劝诸仁者，总要及早预备才好。

第二部分

君子之交

致许幻园

（一九〇一年，上海）

云间谱兄大人经席：

奉上素纸三叠，望鬐收。是序明正作好不迟，付印须二月时也。命书之件，略迟报命。前见示佳著，盥诵再四，哀艳之思，溢于毫素，佩甚佩甚！暇当掇拾数什，奉和大雅；但珠玉在前，而瓦砾恐瞠乎其后耳。雨雪霁时，知己倘有余晷，请到敝寓一叙。临颖依依，曷胜眷眷。即请大安！

如小弟成蹊顿状

二

（一九○三年，上海）

幻园老哥同谱大人左右：

　　别来将半载矣，比维起居万福，餐卫佳胜为颂。弟于前日由汴返沪，侧闻足下有返里之意，未识是否？秋风菁鲈，故乡之感，乌能已已；料理归装，计甚得也。小楼兄在南京甚得意，应三江师范学堂日文教习之选，束金颇丰，今秋亦应南闱乡试，闻二场甚佳，当可高攀巍科也。××兄已不在方言馆，终日花丛征逐，致迷不返，将来结局，正自可虑。专此，祗颂。

　　行安！不尽欲言。

　　　　　　　　　　　　　　　姻小弟广平顿
　　　　　　　　　　　　　　　初二日

三

（一九○六年八月三十，日本）

幻园吾哥：

　　手书敬悉。教员束惰，前嘱家兄汇申，不意致今尚未到；今已致函催促，不日必可寄到。致零用一节，弟已函达子英君，请君与渠商酌可也。弟自入美术学校后，每日匆忙万状，久未通讯，祈谅之。前《国民新闻》（大隈伯主持）将弟之肖影并画稿登出，兹奉呈一纸，请哂纳，匆匆上。

姻如小弟哀顿

八月三十

.

四

（一九一三年七月十六日）

幻园兄：

今日又呕血，诵范肯堂《落照》（绝命诗）云："落照原能媲旭辉，车声人迹尽稀微。可怜步步为深黑，始信苍茫有不归！"通人亦作乞怜语可哂也。家国困穷，百无聊赖，速了此残喘，亦大佳事；但祝神讖去冬已为兄言，不吾欺也。社中近有何变动？乞示其详。适包君发行部来寓，弟气促声嘶，不暇细谈。代售杂志价洋已交来，当时弟未细算；顷始检查，似缺二元二角有零。晤时便乞一询。

谱弟李息顿

七月十六日

五

（一九一三年，杭州）

幻园谱兄：

承惠金致感。写件本当报命，奈弟近来大窘困，凡有写件，拟一律取润，乞转前途为幸。木印共十二颗，初六日刻好送下，致祷！

弟息顿首

六

（一九一八年十一月十四日，嘉兴）

幻园居士文席：

在禾晤谭为慰。马一浮大师于是间讲《起信论》，演音亦侍末席，暂不他适。顷为仁者作小联，久不学书，腕弱无力，不值方家一哂也。演音拟请仓石、梅盘各书一幅，以补草庵之壁，大小横直不限，能二幅再己合相等尤善。仁者有暇，奉访二老人为述贫衲之意。文句另写奉，能依是书，尤所深愿。今后惠书，寄杭州城内珠宝巷蹉务学校周佚生居士转致，不一。

释演音
十一月十四日

致杨白民

（一九〇五年十月七日，日本）

白民先生：

两奉手毕，并承惠笺，感谢！感谢！足下如愿到天津调查学务，弟即当作书绍介。彼邑学界程度，实在上海之上。去年设专门音乐研究所，生徒已逾二百，盛矣。附呈一函，乞便交少屏朱先生。

祗叩，学安！

弟哀顿首

十月七日

二

（一九〇六年十二月五日，日本）

白民先生：

前奉惠书，祗悉一一。学课匆忙，久未裁答，甚罪！尊恙如何？致念致念！兹附上绍介书一纸，足下如到天津，可持此书往谒。渠与仆金石交，必能为足下竭力周旋也。匆匆祗叩，年安！

弟哀顿首
阳历十二月五日

附：致天津周啸麟

（一九〇六年，日本）

啸麟老哥左右：

兹有上海城东女学校长杨白民先生，到天津参观学务，乞足下为绍介一切（凡学校、工场、陈列所，以及他种有关于教育者）。如足下有暇，能陪渠一往尤佳。渠人地生疏，且语言不通，良多未便。务乞足下推爱照拂，感同身受。此请大安！

弟哀顿首

三

（一九〇七年八月廿六，日本）

白民先生足下：

东都重逢，欢聚浃旬。行李匆匆，倏忽言别，良用惘然！别来近状何似，学制粗具规模否？金工教师，如准延用，当为代谋。束金之数，以五七十金为限否？请即示复。

附呈致辑雯一书，乞转交。许子稚梅、黄子楚南，晤时乞为致相思。祗颂起居曼祉。

哀再拜

八月廿六

近日东都酷热，温度在八十以上。

四

（一九一六年，杭州）

白民老哥：

日前出山，曾复函，计达览否？

顷又奉到十六号寄来手书，屡承关注，感谢无似。前寄来琴书预约券、《理学小传》等，皆收到。因入山故，未能答复，为罪。

朴庵先生，乞为致谢。此复，即叩大安！

弟婴顿首

五

（一九一八年十二月廿六日，杭州）

白民居士：

顷由玉泉转来尊片，敬悉——。

贵恙已大痊否？为念！前后各经。皆已收到，谢谢！音拟在城内庵中度岁，明正廿左右返玉泉。率复，即颂，痊安！

演音

十二月廿六日

明信片正面附言：

顷已移居城内万安桥下银洞桥四号接引庵内，以后通信，请寄是处。草草，演音。

居此暂不他往。月初不再返井亭庵矣。

六

（一九一九年，杭州）

白民居士文席：

　　顷诵惠书，欢慰无似。范大师定于旧历正月初旬，来杭讲经（日期未定，俟定后再通知，大约在初二、三、四，约勾留三日左右）。仁者能于是时来杭最好，既可闻法，又可与故人晤谈也。如新年无暇，或年前亦可。演音寓城内银洞桥银洞巷四号接引庵内，是庵旧称虎跑下院，现由了悟大师住持。演音暂寓是间，致明春元宵。

　　近来日课甚忙，每日礼佛、念佛，拜经、阅经、诵经，诵眠等，综计余暇，每日不足一小时。出家人生死事大，未敢放逸安居也。敬祝道福！

　　乞告梦非，油画像如是办法，甚佳。

演音合十

七

（一九一九年七月廿四日，杭州）

白民居士：

　　片悉。不慧于中旬返玉泉寺，暂不他适。南通事，前有友人代询详细情形，未有复音。鄙意拟俟前途再有肫诚敦请，再酌去就，现在无须提及也。知念附闻。乍凉，唯珍摄不具。

演音

七月廿四日

八

（一九一九年，杭州）

白民居士：

前奉片及《生西日课》等，甚感！君有暇致有正书局代请《梵网经菩萨戒疏》二本，金陵板《阿弥陀经义疏》一本，《弥陀经通赞》一本，共费七角余。

近日霜浓，蔬菜甘美。诸师甚盼君来玉泉小住也。

演音

城东旧学生龚志振，嫁张换白君。夫妇信佛甚笃。顷在陶社结念佛，长期四十九日。有二子，亦已入学校，随侍念佛。程居士亦与斯会，附闻。

九

（一九二〇年，杭州）

白民居士：

手笺诵悉，甚为欢慰。弟约于十八后因事须往玉泉，初二、三返庵。老和尚葬仪，仁者能于本月十五日以前，或在三月初旬来最善。此时音必在井亭庵也。艮山车站致庵二里，石板路，问人皆知庵之所在。若坐人力车，费在一角上下。若能预示一函，订准来杭日时，音届时可致艮山站奉迎，借以散步也。率复不具。

演音

君在此养息数日，若送香金，恐庵中不收。不如送学生成绩画，裱好者一幅，与庵中住持，当甚喜悦也。上款写清尘大和尚。

十

（一九二〇年，杭州）

白民居士：

在沪欢聚，为慰。音不久将入新城贝山掩关，一心念佛。向承仁者及诸旧友竭力维持，办道所需，已可足用。自今以后，若非精进修持，不唯上负佛恩，亦负君等之厚德。故拟谢绝人事，一意求生西方，当来回入娑婆，示现尘劳，方便利生，不废俗事。今非其时，愿仁者晤旧友时，希为善达此意也。

演音

十一

（一九二〇年六月十三日，杭州）

白民居士文席：

音定于十八日入城，寓接引庵；廿晨之新城掩关。同行者有程居士，亦同时掩关，谢绝人事。他年启关有期，再当致函相告，请仁者入山晤谈也。谨致短简，以志诀别，幸珍重为道自爱。不具。

演音

六月十三日

惜阴居士于廿后返沪，带上大条幅，敬赠仁者。又一小条幅，乞交一亭。又经数页，乞交子坚为裱。

十二

（一九二一年二月初五日，杭州）

白民居士文席：

顷与程居士面商，大约音处筹资三百，即可足数。新之君已交来百元，再有二百即可无虑。子坚君顷来函，即作书答之，忘其住址，附奉，乞君转交为感。费神容晤申谢。草此奉闻，即颂近佳！

演音白

二月初五日

十三

（一九二一年二月廿七日，杭州）

白民居士文席：

前上一片，计达青览。音定于下月初十左右，同程、吴二居士及某上人致沪，搭轮赴温。致温后同觅合宜之寺院，出资承接。未赴沪以前，即寓接引庵内，不再他徙。以后通讯，径寄是处可也。良晤匪遥，容面详谈。草草不具。

演音

二月廿七日

十四

（一九二一年，温州）

白民居士：

顷奉手示，敬悉一一。前与程居士晤谈，音处有金三百，大约新之君，即施省之，为当时上海有名居士。远念。如无障缘，期以二载，圆满其业（致后年春初止）。

仁者迩来精进何似？念佛法门，最为切要。幸以是自利利他。《印光法师文钞》，宜熟览玩味，自知其下手处也。（书札一类可先阅），不具。

演音

温州南门外城下寮

十五

（一九二一年，杭州）

白民居士：

顷奉手示，敬悉一一。前与程居士晤谈，音处有金三百，大约新之君，即施省之，为当时上海有名居士。

十六

（一九二二年二月初二日，温州）

　　白民居士慧览：两奉手片，具悉一一。扶桑之游，致可欢赞。贤英女士画册，为题字数行，附写面字，一并邮奉。前托请经典，便中为之，稍迟未妨也。不具。

演音

二月初二日

寓温州大南门外城下寮

十七

（一九二三年三月三十日，上海）

白民老居士：

　　比来沪，寓新闸陈家浜太平寺（玉佛寺北间壁）。有暇希过谈，他人乞勿道及，以未能一一接见也。

演音

三月三十日

十八

（一九二三年四月初八，杭州）

杨白民居士：

在沪诸承推爱护念，感谢无尽。比拟养疴招贤寺，暂缓他适。

率达，不具。

演音

四月初八

十九

（一九二三年四月十八日，杭州）

白民居士：

昨奉尊片，敬悉一是，居此甚安，已于昨日始，方便掩关，养疴习静。凡来访者，暂不接见。婺源之行，或俟诸他年耳。旧友如有询余近状者，希以此意答之。弘伞师住持招贤，整理规画，极为完善。西湖诸寺，当以是间首屈一指矣。率以奉达，不具一一。

演音

四月十八日

二十

（一九二三年，杭州）

杨白民先生：

藕初之函，前已答复矣。

弟近多忙，尚须迟二月返沪，临时再奉达。

演音

二十一

（一九二三年九月初三，杭州）

白民居士：

前日德渊师往沪，曾托彼走访尊右；嗣以事冗，未及访问，致歉！朽人于夏季移居虎跑，恩师及弘祥师皆安隐如常。又本寺住持一席。于六月底请弘伞师兼任（每月来数次），并请恩师为都监，德渊师为知众兼知客。其余当家等诸执事，一律更换，较从前整肃多矣。仁者及尊眷如来杭时，希便中过谈。如到寺中，乞询问德渊师或弘祥师，即可由彼等陪致朽人处。请勿专询朽人之名也。率达不具。

演音

九月初三

二十二

（一九二四年七月十五日，温州）

白民老居士丈室：

　　顷由衢州转到尊函，诵悉一一。苏民居士谢世，致可悲叹。朽人于初夏返温州，诸凡安适。孟由常常晤谈。率复，不尽一一。

昙防疏答

七月十五日

致毛子坚

一

（一九二一年三月初五，杭州）

子坚居士文席：

顷获手书，欣慰无似。音以杭地多故旧酬酢，将偕道侣程、吴二居士之温，觅清净兰若，息心办道。经营伊始，须资四首及《金缕曲留别祖国并呈同学诸子》一关，见前揭《弘一法师》第三十九、四十页。致夥。程、吴二居士家非丰厚，音不愿使其独任是难。故托白民君代为筹谋，须资约计三百，以助其不足。致音寻常日用之资，为数致纤，不足为虑。仁者卖字之说，固是一法，然今非其时；俟他年大事已了，游戏世间俗事，则一切无碍矣。上海有正书局，寄售《印光法师文钞》正续篇，极明显切实，希仁者请奉披诵。

新闸坤范女学校自初八日始，每晚请范古农大士讲经，希仁者往听。一染识田，永为道种。人身难得，佛法难闻，能亲承范大士之圆音，尤非多生深植善根，不易值也。范大士解行皆美，具正知见，为末法之善知识。音数年以来，亲近是公，获益匪浅。音于当代缁素之中，最崇服者于僧则印光法师，于俗则范大士。仁者如未能于晚间闻法，或于暇时访范大士一谈亦可。音与仁者多生有缘，故敢以是劝请。今后仁者善根重发，皈心佛法，倘有所咨询，音当竭诚以答。或愿阅诵经论，音当写其名目，记其扼要，以奉青览。今后通函，寄杭城内万安桥下银洞巷四号。廿日左右，当来沪，临时必可一晤也。率复，不具。

演音

三月初五

东山、建藩诸居士，希为致念。

二

（一九二一年十一月十八日，温州）

子坚居士：

末由省展，霜寒，比自何如？普陀印光长老及诸上善人劝送《安士全书》，匡益世道，祛发昏聩，猥辱累嘱，为之绍于知识。铭兹典诲，伏深赞庆。谨致文告，希垂省察。倘值有缘，幸为劝勉，随喜功德。江山辽复，岂复委宣。

演音

十一月十八日

会稽黄道尹处，希为致书劝告。春间晤白民，谓邑庙湖心亭放生池有未如法事，曾嘱白民代达仁者，未识已改善否？极念。

致刘质平

一

质平仁弟足下：

　　顷奉手书，敬悉。《和声学》亦收到。尊状近若何，致以为念！

　　人生多艰，"不如意事常八九"，吾人于此，当镇定精神，勉于苦中寻乐；若处处拘泥，徒劳脑力，无济于事，适自苦耳。吾弟卧病多暇，可取古人修养格言（如《论语》之类）读之，胸中必另有一番境界。下半年仍来杭校甚善。不佞固甚愿与吾弟常相叙首也。祗询近佳！

息上

九月三日

二

（一九一五年九月十六日，杭州）

质平仁弟足下：

　　顷接手书，诵悉。吾弟病势未减，似宜另择一静僻之地疗养为佳。家庭琐事，万勿介意。张拱璧已到海宁，曾晤面否？鄙人后日往南京，又须二星期乃可返杭。匆复，祗讯痊安！

　　吾弟如稍愈，到杭疗养何如？

李息上

九月十六日

三

（一九一六年八月十九日，杭州）

质平仁弟：

　　来函，诵悉。日本留学生向来如是。虽亦有成绩佳良者，然大半为日人作殿军或并殿军之资格而无之。故日人说起留学生辄作滑稽讪笑之态。不佞居东八年，固习见不鲜矣。君之志气甚佳，将来必可为吾国人吐一口气。但现在宜注意者如下：

（一）宜重卫生，避免中途辍学（习音乐者，非身体健壮之人不易进步。专运动五指及脑，他处不运动则易致疾。故每日宜为适当之休息及应有之娱乐，适度之运动。又宜早眠早起，食后宜休息一小时，不可即弹琴）。

（二）宜慎出场演奏，免人之忌妒。（能不演奏最妥，抱璞而藏，君子之行也。）

（三）宜慎交游，免生无谓之是非。（留学界品类尤杂，最宜谨慎。）

（四）勿躐等急进。（吾人求学须从常规，循序渐进，欲速则不达矣。）

（五）勿心浮气躁。[学稍有得，即深自矜夸，或学而不进（此种境界他日有之），即生厌烦心，或抱悲观，皆不可。必须心气平定，不急进，不间断。日久自有适当之成绩。]

（六）宜信仰宗教，求精神上之安乐。（据余一人之所见，确系如此，未知君以为如何？）附录格言数则呈阅。不佞近来颇有志于修养，但言易行难，能持久不变尤难，如何如何！今秋网经先生坚留，情不可却，南京之兼职似可脱离。君暇时乞代购弦e二根、a二根、d三根、g二根，封人信内寄下。六七日内拟汇款五元存尊处，尚有他物乞代购也。君如须在沪杭购物，不佞可以代办，望勿客气，随时函达可也。君在校师何人？望示知。听音乐会之演奏，有何感动？此不佞所愿闻者也。此复，即颂旅吉。

李婴

八月十九日

门先生乞为致意，他日稍暇，当作书奉候。并谓现在不佞求学不得，如行夜路，视门先生如在天上矣。

四

（一九一七年一月十八日，杭州）

质平仁弟：

手书诵悉，清单等皆收到。愈学愈难，是君之进步，何反以是为忧！B氏曲君习之，似躐等，中止甚是。试验时宜应试，取与不取，听之可也。不佞与君交谊致厚，何致因此区区云对不起？但如君现在忧虑过度，自寻苦恼，或因是致疾，中途辍学，是真对不起鄙人矣。从前鄙人与君函内解劝君之言语，万万不可忘记，宜时时取出阅看。能时时阅看，依此实行，必可免除一切烦恼。从前牛山充入学试验，落第四次、中山晋平落第二次，彼何尝因是灰心？

总之，君志气太高，好名太甚，"务实循序"四字，可为君之药石也。中学毕业免试科学，是指毕业于日本中学者；君能否依此例，须详询之。证明书容代为商量。五日后返沪，补汇四元廿钱。前君投稿于《教育周报》，得奖银十六元。此款拟汇致日本可否？望示知！此复，即颂近佳！

李婴

一月十八日

五

（一九一七年，杭州）

质平仁弟：

　　来哲诵悉。《菜根谭》前已收到，曾致复片，计已查收。官费事可由君访察他人补官费之经过情形，由君作函寄来。上款写经、夏二先生及不佞三人，函内详述他省补费之办法。此函寄致不佞处，由不佞与经、夏二先生商酌可也。君在东言行谨慎，甚佳。交友不可勉强，宁无友不可交寻常之友（或不尽然），虽无损于我，亦徒往来酬酢，作无谓之谈话，周旋消费力学之时间耳。门先生忠厚长者，可以为君之友人。此外不再交友，亦无妨碍。始亲终疏，反致怨尤，故不如于始不亲之为佳也。不佞前致君函有应注意者数条，宜常阅之。又格言数则，亦不可忘。不佞无他高见，唯望君按部就班用功，不求近效。进太锐者恐难持久。不可心太高，心高是灰心之根源也。心倘不定，可以习静坐法。入手虽难，然行之有恒，自可入门。（君有崇信之宗教，信仰之尤善，佛、伊、耶皆可。）音乐书前日已挂号寄奉。附一函乞转交门先生。此复，即颂近佳！

李婴

六

（一九一七年，杭州）

质平仁弟：

借假（款）无复音，想无可希望矣（某君昔年留学，曾受不佞补助。今某君任某官立银行副经理，故以借款商量，虽非冒昧，然不佞实自志为窭人矣，于人何尤！）。不佞自知世寿不永，又从无始以来，罪业致深，故不得不赶紧修行。自去腊受马一浮大士之熏陶，渐有所悟。世味日淡，职务多荒。近来请假，就令勉强再延时日，必外贻旷职之讥，内受疚心之苦（逾课时之半，人皆谓余有神经病）。君能体谅不佞之意，良所欢喜赞叹！不佞即拟宣布辞职，暑假后不再任事矣。所藏音乐书，拟以赠君，望君早返国收领（能在五月内最妙），并可为最后之畅聚。不佞所藏之书物，近日皆分赠各处，五月以前必可清楚。秋初即入山习静，不再轻易晓人。剃度之期，或在明年。前寄来之木箱，已收到。丰仁君习木炭画极勤。即颂旅祉！附汇日金二十元，望收入。

李婴

前曾与经先生谈及，君今年如返国，可否在一师校任事？经先生谓君在东，曾诽谤母校师长，已造成恶感。倘来任事，必无良果云云。附以直达，望以后发言，宜谨慎也。不佞拟再托君购佛学数种，俟后函达。

七

（一九一七年，杭州）

质平仁弟：

昨上一函一片，计达览。请补官费之事，不佞再四斟酌，恐难如愿。不佞与夏先生素不与官厅相识，只可推此事于经先生。经先生多忙，能否专为此事往返奔走，亦未可知。即能任劳力谋，成否亦在未可知之数（总而言之，求人甚难）。此中困难情形，可以意料及之也。君之家庭助君学费，大约可致何时？如君学费断绝，困难之时，不佞可以量力助君。但不佞窭人也，必须无意外之变，乃可如愿。因学校薪水领不到时，即无可设法。今将详细之情形述之如下：

不佞现每月入薪水百零五元

出款：

上海家用四十元年节另加

天津家用廿五元年节另加

自己食物十元

自己零用五元

自己应酬费买物添衣费五元

如依是正确计算，严守此数，不再多费，每月可余廿元。

此廿元即可以作君学费用。中国留学生往往学费甚多，但日本学生每月有廿元已可敷用。不买书，买物、交际游览，可以省钱许多。将来不佞之薪水，大约有减无增。但再减去五元，仍无大妨碍（自己用之款内，可以再加节省），如再多减则觉困难矣。

又不佞家无恒产，专恃薪水养家。如患大病不能任职，或由学校辞职，或因时局不能发薪水；倘有此种变故，即无法可设也。以上所述，为不佞个人之情形。

倘以后由不佞助君学费，有下列数条，必须由君承认实行乃可。

一、此款系以我辈之交谊，赠君用之，并非借贷与君。因不佞向不喜与人通借贷也。故此款君受之，将来不必偿还。

二、赠款事只有吾二人知，不可与第三人谈及。家族如追问，可云有人如此而已，万不可提出姓名。

三、赠款期限，以君之家族不给学费时起，致毕业时止。但如有前述之变故，则不能赠款（如减薪水太多，则赠款亦须减少）。

四、君须听从不佞之意见，不可违背。不佞并无他意，但愿君按部就班用功，无太过不及。注重卫生，俾可学成有获，不致半途中止也。君之心高气浮是第一障碍物（自杀之事不可再想），必痛除。

以上所说之情形，望君详细思索，写回信复我。助学费事，不佞不敢向他人言，因他人以诚意待人者少也。即有装面子暂时敷衍者，亦将久而生厌，焉能持久？君之家族尚不能尽力助君，何况外人乎？若不佞近来颇明天理，愿依天理行事，望君勿以常人之情推测不佞可也。此颂，近佳！

李婴

此函阅后焚去

八

（一九一七年，杭州）

质平仁弟：

前日寄一函，计达览。昨晤经先生，将尊函及门先生函呈去（本拟约夏先生同往，据夏先生云：前得君函时，已为经先生谈过，故此次不愿再去）。经先生将尊函阅过，门先生之函并未详阅。据云：此函无意思，因会长不能管此事也（此说不必与他人道）。总之，经先生对于此事颇冷淡。先云："须由君呈请，余不能言"。后鄙人再四恳求，始允往询。但因新厅长初到任甚忙，现在不便去，何日去难预定也。

鄙人谓浙江女生补费之事，可否援以为例？经先生云："不能。"后经先生遂痛论请补官费之难，逆料必不成功。又有"荐一科长与厅长尚易，请补一官费生殊难"之说。鄙人不待其辞毕，即别去，不欢而散，殊出人意外也。但平心思之，经先生事务多忙，本校毕业生甚多，经先生倘一一为之筹画，殊做不到。故以此事责备经先生，大非恕道。经先生人甚直爽，故能随意畅谈。若深沉之士，则当面以极圆滑之言敷衍恭维，其结果则一也。故经先生尚不失为直士。若夏先生向来不喜管闲事，其天性如是。总之官费事，以后鄙人不愿再向经先生询问。鄙人于数年之内，决不自己辞职。如无他变，前定之约，必实践也。望安心求学，毋再以是为念！此信阅毕望焚去。言人是非，君子不为。今述其详，愿君知此事之始末。

婴上

九

（一九一八年二月初九，杭州）

质平仁弟：

　　两次托上海家人汇上之款，计已收入。致日本人信已改就，望察收。去年由运送店寄来之物，尚未收到，便乞催询。不佞近耽空寂，厌弃人事。早在今夏，迟在明年，将入山剃度为沙弥。刻已渐渐准备一切（所有之物皆赠人），音乐书籍及洋服，拟赠足下。甚盼足下暑假时能返国一晤也。

李婴

二月初九

　　正月十五日，已皈依三宝，法名演音，字弘一。

十

（一九一八年三月廿五日，杭州）

质平仁弟：

　　书悉。君所需致毕业为止之学费，约日金千余元。顷已设法借华金千元，以供此费。余虽修道念切，然决不忍致君事于度外。此款倘可借到，余再入山；如不能借到，余仍就职致君毕业时止。君以后可以安心求学，勿再过虑。致要致要。即颂，近佳！

演音

三月廿五日

十一

（一九二〇年四月十八日，杭州）

质平居士丈室：

　　六日归卧西湖，养疴招贤，谢绝访问，屏除缘务。题字率写奉览，他人不得援是为例。有属书者，幸为婉辞致谢。曩尤居士赍佛书数件于尊右，有暇幸披寻，并以转贻友人。此未委悉。

悬防疏

四月十八日

　　潘、姚二居士，希为致意。

十二

（一九二一年旧六月初一，温州）

质平居士丈室：

　　前月始来温州，染患湿疾，今渐痊愈。顷有道侣，约往茶山宝严寺居住。其地风景殊胜，旧有寮合三椽，须稍加修改，需费约二十元以内。尊处倘可设法，希以布施。屡次琐求，叨在致好，谅不见异（以此二十元修理房台，倘有余剩，概以充零用）。惠示仍寄"温州大南门外庆福寺转交弘一手收"，因彼处亦庆福之属寺也。

弘一疏
旧六月初一

十三

（一九二一年十一月初五日，温州）

质平居士：

别久时以驰念。朽人居瓯，颇能安适。仁者近仍居南通否？岁晚天寒，想当归里。为致短简，略述近状，以怀远想。附邮手写三经影印本一册，希察览。江山辽复，此未委悉。

演音

嘉平初五日，居温州南门外城下寮子颀、增庸，仍居日本不？

十四

（一九二二年旧六月十四，温州）

质平居士：

顷获尊函，并承惠施二十金，感谢无尽。朽人居瓯饭食之资，悉周群铮居士布施，其他杂用等，每月约一、二元，多致三元。出家人费用无多。其善能俭约者，每年所用不过二元。若朽人者，比较尤为奢侈者也。今后惠书，仍寄大南门外庆福寺，因拟在此掩关，预定五年，暂不他往也。此复。

弘一疏答
旧六月十四

十五

（一九二三年十一月十九日，衢州）

质平居士慧览：

比获尊书。并承施三十金，感谢无已。此数已可足用。他日万一有所需时，再当致函奉闻。我辈致好，决不客气也。明春或赴温州，临时再奉达。前月来衢，曾写佛号，广结善缘。兹检奉四幅，一付仁者，一赠海粟居士。其二即赠前来太平寺二同学（与仁者同来者）。率复不具。

弘一疏答

十一月十九日

十六

（一九二四年四月三十日，杭州）

质平居士：

惠书，诵悉。前带各物，悉收到。桂圆饼干，皆存贮甚多，数月内无须再购。丁居士所交来各物，乞暂存宁波，俟秋凉往温州时，携以转赠寺中也（笋干宜贮于洋铁箱内，不然则潮而失味。丁居士前函所言也）。佛经宜熟读，自能渐渐了解。昔周佚生居士学经论时，即依此法也。

演音疏

四月三十日

十七

（一九二六年四月初九，杭州）

质平居士丈室：

曩承过谈，欢慰无尽。来杭月余，旧友大半已晤谈。自十三日始，谢客习静。以后有访问者，皆暂缓晤面。弘伞师谆留居此间，一时恐未能他适。仁者如须佛号赠人，希以时告知，即可写奉，不具。

昙防疏

四月初九

十八

（一九二八年正月初三，温州）

质平居士：

前寄两函，想已收到。《清凉歌》屏幅已写就，付邮挂号寄上，乞收入。

朽人近来精力衰颓，远不如前。不久即拟往远方闭关，息心用功，不问世事。前云《清凉歌》册页，未暇书写，只可作罢。又前属书联对，尚有未写者，今仅以已写好之六对奉上。其余亦拟不奉上。纸张即请仁者赠与朽人，亦未能奉还也。诸乞原宥为祷。赠与然庆老法师之联，想已带致白马湖夏宅矣。此达，不宣。

朽人不久即离温州。

音上

旧正月三日

十九

（一九二九年旧九月，上虞法界寺）

刘质平居士：

安心头陀，匆匆来此，谆约余同往西安一行，义不容辞。余准于星期六（即二日）十一时半到宁波。一切之事，当与仁者面谈。

弘一上

二十

（一九二九年旧十一月十日，厦门）

质平居士：

前寄上一函一片，想已收到。仁者所寄致泉州周君转交之书，仅收到一包。如仅寄出一包者，则甚喜。倘寄出两包者，乞速向邮局查问致要。余现居太平岩，地甚荒僻，所有信件，由南普陀托专人转送，殊为不便（往返二十里，又有山路），且不时遗失。故拟将各处通信之事，暂作一结束。其有未了者，俟明年致沪再晤谈可也。尊处之件，如尚未寄出，乞即早为寄下（双挂号为妥）。前存贮各物，仍乞暂存尊处，统俟明年晤时，酌定一切。不宣。

演音

旧十一月十日

二十一

（一九三〇年闰六月，上虞白马湖）

质平居士：

　　惠书诵悉。余甚愿为书写，唯前寄之纸。不甚合宜。乞于他日往沪时，购奏本纸，照此大小裁好寄下，共计一百八十余张。除前寄上若干张外，尚缺多少，乞照裁之。并乞示知其数目。尊宅戒杀，甚善甚善。此纸为开明新印者，名曰护生信笺。不宣。

音上

闰（六）月十日

　　如无奏本纸，乞购夹贡宣纸（俗称），又名玉版宣（上海称），购四尺者，照裁为宜（此纸海宁亦有）。来函谓于阳历八月十一、二号即往上海，开学何太早耶？他日仁者来宁时，乞购科学糊精（即是洋式浆糊）一盒，惠施带下，致感！

二十二

（一九三〇年九月廿四日，慈溪金仙寺）

质平居士：

前承远送，致为感谢。致绍兴后，又患伤风，近乃痊愈。前日致金仙寺，闻将讲经，拟即在此暂住听经。以后惠函，乞寄"宁波慈北鸣鹤场金仙寺弘一收"。但第四中学诸教员及其他诸出家人处，乞暂勿通知。倘有询问者，乞仅云："近在宁绍各地"，无须告知地名及寺名也。此达不具。

演音

九月廿四日

再乞仁者暇时，往"北火车站宝山路口佛学书局"购请下记之书，以惠施朽人，致为感谢。

（一）《一切经音义》一部，一元二角六分。

（二）地藏菩萨像，大张一张四分，不着色彩的。

（三）北京版《僢网经菩萨戒本》，同本一册，三角二分。

（四）又目录三册。以上各书，乞付邮寄下。

二十三

（一九三〇年十一月一日，镇海）

质平居士文席：

承寄蚊帐，已收到，感谢无尽。附寄上拙书一包，计八十六件，今年寄上之总数，乞便中核计示知。大约尚有月余，乃他往也。谨复，不具。

音启

十一月一日

佚生居士来笺，并寿居士启文，附奉览。寿居士曾任杭州法政学校教师十年，今任杭州中国银行职务，附白。

以后惠书，暂寄宁波镇海北乡龙山西门外周大有号转交伏龙寺，邮局民局皆通。又《海潮音》第十一卷第三期《法海丛谈》内第五页以下，有《法味》长文一篇，内载余前年致厦门时之琐事。仁者如愿阅览，亦可向佛学书局购买一册。

《清凉歌注释》，已托芝峰法师撰。近日每日服"百龄机"三丸，甚好。附白。

二十四

（一九三〇年十一月六日，慈溪金仙寺）

质平居士：

前书，想已收到。兹有恳者：仁者第二次由伏龙寺带致宁波书籍之中，乞将下记两种检出寄下。《华严集联》二册，石印拙书《梵网经》一册。

前带去书籍，大致大小相似，唯有上二种特别：一为阔大之形，一为长狭之形。乞观其包裹之形式，即可知之。以上三册，乞附邮挂号寄致温州南门外庆福寺弘一收。费神致感！

演音启

十一月六日

二十五

（一九三一年三月十九日，温州）

质平居士惠鉴：

兹奉托购二物惠施，于便中托人带下。

一、绿色铁色纱（即系铁丝编成之纱网）。今拟购一尺，用以自做佛前之灯罩。

二、乞向旧式铜器店，定做小荷叶二只，即系书箱门上所用，另有样子奉上，乞照此样子大小定做两只。

亦用薄铜做钉子八只，一并交下。原样仍乞带还，费神致感。丁居士不久或奉访仁者。若彼来时，倘询问赠余之物，乞仁者阻止，劝其不必购买，因彼家境清寒也。

演音疏

三月十九日

二十六

（一九三一年三月廿一日，温州）

质平居士惠览：

前邮《做生记》致沪，误写为"中华艺术"，邮局退还。兹复奉上，乞收入。昨日返温州，以后为《清凉歌集》事，须常常与仁者通信。若皆挂号，似为未便。拟改寄致尊友沪寓中，由彼转交何如？又应寄何处？乞仁者酌示为盼！

惠函寄温州大南门外庆福寺弘一收。不宣。

演音疏

三月廿一日

二十七

（一九三一年五月廿四日，上虞法界寺）

质平居士惠鉴：

　　前上一函，后即奉到尊书。今午又得二十一日所发之书，悉知一切。赞偈未能增减，乞仍依前所定，斟酌作曲为感。尤玄父居士，人甚忠厚，于去冬曾寄《募资缘起》致法界寺，致今春正月返寺时，乃披诵，因允其请。其时佛学书局印拙书佛经之事，尚未发起也。今佛学书局既已愿印，似应即托其经手为宜。致尤玄父居士所募之资，亦交书局附印。将来出书，仍交尤居士。但此后募资之事，似可截止。因此经页数无多（致多不过十页——中国页），需资大约仅数百元耳（夹贡纸石印折本）。今余已据此意，写信与尤居士，附奉。乞转寄程品生君交尤居士为感。集联已写就三分之二，后附之文，尚未撰好。大约迟致旧四月底（新六月十五日）必可完成。全体格式尚佳，但学校作为习字范本，则未甚宜耳（因字体不通俗）。奉复，不具。

　　　　　　　　　　　　　　　　　　音白

　　　　　　　　　　　　　　　　　　五月廿四日

　　尤居士既托仁者募资，仁者宜代为募百余元，已足。因尤居士在台州不易集资，且彼家境不丰，难以资助。以余悬

121

拟，尤居士募集之资，能得三百元左右，或可附印千册耳。

二十八

（一九三一年六月廿五日，上虞法界寺）

质平居士：

前寄明信，想已收到。昨获惠寄黄线尼自纸甚感。拟以此白纸百张，皆书"清凉"二字（后记年月名字），以为歌集出版之纪念。

略复，不具。

音疏
旧六月廿五日

居法界寺甚安，气候不甚热。致高之日，不过八十九度，亦仅一二日耳。

二十九

（一九三一年六月廿九日，上虞法界寺）

质平居士：

惠书诵悉。兹挂号寄上拙书一包，"清凉"先奉上五页，其余俟晤时交上。又联三对并呈。此次所写者，欲裱装时，皆须注意。八字之小幅，为用宿墨书写者，最易污散，宜多注意。线球甚佳，敬谢。

下半年兼任宁沪等三处功课，似宜于沪校功课托人代授。仁者仅每半月往沪一次，视察一切，兼以宣传著作。若每周往沪，则太辛苦矣，诸乞酌之。奏本纸样子附奉上。三年前曾在上海四马路棋盘街艺学社（其名大约如此，系文具店。在四马路五马路之间，面东）购买九十余张，价值五元。今或增价矣。他日仁者致沪时，乞向北京路旧货店购热水瓶用木塞数个。其式样大小附奉。因此塞较大，内地无处求觅也。此复，不具。

音

旧六月廿九日一

以后来信，乞写"杭州转百官横塘镇"，较为迅速，否则将由宁波转也。

三十

（一九三一年七月九日，上虞法界寺）

质平居士丈室：

前复一函，计达慧览。承施修理房合之资，当以奉本寺主，彼谦让不受。今斟酌变通，以是中十金奉呈寺主，充佛像装金之需（今年本寺全佛像装金），即以此功德为仁者消除灾障，增长善根。其余十金，以为朽人请经及其他之用。谨此详复，并致谢意。

弘一疏

七月九日

三十一

（一九三一年新八月廿一日，上虞法界寺）

质平居士：

《集联》已书写，但只能书一种体。因目力昏花，久视则病疼，故不能书他体也。兹奉上样子四纸（格式甚好看），乞收入（此是写废者，乞随意赠人），大约致阳历四月底必可写齐也。

《赞佛偈》有更动增减，如下所记。说戒回向偈：

过去诸菩萨，已于是中学，未来者当学，现在者今学。此是佛行处，圣主所称叹。我已随顺说，福德无量叙。回以施众生，共向一切智。愿闻是法者，疾得成佛道。致于书写之时，须再迟一月以后，病体复元，乃继续书写。写时尚须由仁者磨墨并帮忙，因一人力有不支也（对联须帮忙，小立轴可以一人缓缓写之）。法界寺可以住宿，米饭甚好，菜蔬大约可食。否则由仁者自带罐头亦可。居此数日，想可以安适也。晚晴山房正中方桌抽屉内，有开罐头之铁器。仁者他日来时，可以顺携来。此复，不具。

音复

新八月廿一日

三十二

（一九三一年十月，上虞法界寺）

质平居士：

新历十月十三日（星期四）下午三点零五分钟，到宁波车站。另有函，寄四中校详言之。余俟晤商。不宣。

演音启

十月四日

三十三

（一九三一年，上虞法界寺）

质平居士：

前奉惠书，具悉一一。《华严集联》在商务出版，已决定否？其办法如何？签条未书写，是否即排仿宋体字，便中乞示知。

十日以来患病，近已渐愈。有暇乞到药房，购"安加里丸"（多福大药房）一瓶，"第威德润腹丸"两瓶。安加里丸，如药房无售者，乞向先施、永安等化装部购之，付邮寄下为祷！

音启

歌集中，乞仁者作序或跋一篇，详述此事发起及经过之情形。

三十四

（一九三一年，慈溪五磊寺）

质平居士：

行李已领到，感谢无尽。

"大音希声"等四首之题目，拟用《学道四箴并序》共六个字。屏条写就附奉上。其盖印之地位，已忘记。兹另纸印一方，装裱之时，托匠人剪出贴上可也。以后写信，乞写"宁波慈溪鸣鹤场五磊寺"，即可寄到。

音白

收到后即惠复。

"大音希声"等四首，其重要之处，在"不音之音，名曰致音"等八句之颂文。以前一段之骈体文，不过先叙说其大意耳。四首皆然，作曲时，乞注意于此。

三十五

（一九三一年，慈溪金仙寺）

质平居士：

承寄腐乳及尊函，今晨已收到。前恳转寄厦门及绍兴之《华严经集联》，乞早付邮挂号寄出为祷。张伯寿尊翁、叶居士属书之件，附挂号寄上，乞转交。又佛书数册，亦赠与张伯寿之尊翁者，并付邮寄上。

照像如印出，乞各寄下一张。律学院事，因内部意见不一，决定停办。现已料理清楚。余自此以后，可以身心安宁，居金仙寺闭关，谢客静养。谨达，不宣。

音启

乞在宁波购小瓶"痰敌"一瓶，付邮寄下。因近患痰嗽，久而不止。尺寸单，附奉上。

三十六

（一九三一年，慈溪金仙寺）

质平居士惠鉴：

　　九日尊函已收到。音于十六日致金仙寺，以后来函，乞寄"余姚北乡鸣鹤场金仙寺弘一收"为祷。往温州之轮船尚有二三只。乞为询问彼等，每星期几到甬，每星期几开。倘仁者无处可询，乞托陈伦孝居士代询亦可。询问后乞即示知。谨达，不宣。

演音启

九月十八日

三十七

（一九三一年，上虞法界寺）

质平居士：

　　廿五日自甬寄来之函，诵悉。近日身体已如常，终日劳动，亦不甚疲倦，乞释远念。书件已写毕（唯除大听二十八对未写），如此功德圆满，可为庆慰。俟仁者来寺之后小住，或朽人与仁者同暂时出外，云游绍、嘉、杭、沪、甬诸处，约一二月再归法界寺。统俟晤面时再约定也。不宣。

音疏

九月廿九日

乞购大块之墨一方带下。附写四联句：

今日方知心是佛，前身安见我非僧。

事业文章俱草草，神仙富贵两茫茫。

凡事须求恰好处，此心常懔自欺时。

事能知足心常惬，人到无求品自高。

三十八

（一九三一年十月十四日，上虞法界寺）

质平居士丈室：

前寄致上海一函，想已收到。余决定于十九日（星期三）下午三时到宁波车站（风雨无阻，但若小船因风大或其他特别事故，不能开行，则须改致再下星期三，即廿六日），乞仁者预早与林君商定船室，最好仍住买办房中（即上次所住者），因行李甚多，此房极大，可以存置也。行李本拟不多带，今因仍搭永川轮船，故改为多带数件，计如下所记：

△仁者第一次由伏龙寺带去之网篮两只。

△一月前由陈伦孝居士托余姚站带上行李三件（计书箱二只，铺盖一件）。

以上共五件，乞仁者预早搬入船内。俟余到甬后，即可径上船也。此外尚有仁者第二次带甬之书籍等一网篮、一麻袋，则乞仍存仁者之处，无须移动也。种种费神，感谢无尽。

演音启
十月十四日

三十九

（一九三一年旧十二月，镇海伏龙寺）

质平居士慧鉴：

惠书诵悉。别答如下：

是问气候不寒，无须添制衣服。余现住伏龙寺，明春仍在此否未定。俟明春仁者欲来游时，再以路径写奉。以后余仍可常常写字，以结善缘。曾研习之佛书加以圈点注释者，拟检数种，于明年便中奉上，而志记念。造像若送他处亦可。仁者致宁波后，乞示知。先此略复。

音启
旧十二月十三日

四十

（一九三二年，慈溪金仙寺）

质平居士慧鉴：

惠书诵悉。尊恙已痊，致慰。陈嘉庚公司已寄到经书三箱。《清凉歌曲》已成就否？为念。往龙山事，现未能定也。谨复不宣。

演音启

旧二月六日

四十一

（一九三二年，镇海伏龙寺）

质平居士：

前复函，想已收到。《华严集联例言》及后附之入门次第，今日已作好，再有三天，即可全部书写竣事矣。下次仁者致寺时，余拟将应书写之件（如歌词等），一切写毕。因有事未了，心中常悬念也。

磨墨须俟仁者来时，再磨。若由上海磨好带来，已隔一二日，即不适用。下次来寺时，乞带饼干数包（泰丰公司出品，名曰素饼干，即无牛乳者。因余近来恒不愿食牛乳之制品），又乞购薄牛皮纸二、三十张惠施，为感。

音疏

新六月二日

四十二

（一九三二年，镇海伏龙寺）

质平居士：

寄慈居士刻印已就。余属其交陈伦孝居士，俟开学时转奉仁者。附白。

半月前，曾寄致海宁，久未得复，想仁者尚未返里。新历七月六日，海印法师来余处，历述以前对仁者失言之事，甚用抱歉，嘱为转达。案此事，实由余不德，致诸位各有不欢之意。余亦应向仁等告罪也。诸乞谅宥，为祷。

演音启

新七月二十一日

四十三

（一九三二年四日，镇海伏龙寺）

质平居士：

承惠寄宣纸，已收到，敬谢。前托为崇德法师画像书联，成就时，乞寄伏龙寺由余转交（能于本月内寄下尤感；再迟余或他往矣），因彼已不在金仙寺矣。谨达。

演音

七月四日

四十四

（一九三一年十一月十一日，慈溪金仙寺）

质平居士：

五磊寺讲律事，已由金仙寺亦幻法师代为解劝，完全取消前议，脱离关系。余昨日已移居金仙寺，即拟在此过冬。棉衣尺寸，俟后开写奉上。余在此居住甚安，精神愉快，诸乞释念为祷。

腐乳一罐，乞交民局（即旧式信局福润局或全盛局皆可）寄下。照例须附信一封交民局同寄。交民局寄者，乞写余姚北乡鸣鹤场金仙寺（无信则不能寄）。交邮局寄者，乞写慈溪北乡鸣鹤场金仙寺。因地属慈溪，而水路由余姚故也

（不往温州矣）。

音启

十一月十一日

四十五

（一九三二年，慈溪金仙寺）

质平居士：

　　前寄书及寄包袱二件，想已收到。今日事须外出一行，何时返金仙寺，尚未能定。俟返寺时，再以奉闻。前承惠施驼绒衣件，着以御寒，致为适宜。感谢无尽。谨达，不宣。

音启

四十六

（一九三二年，上虞白马湖）

质平居士：

　　前过谈为慰。近来老体仍衰弱，稍劳动即甚感疲倦。再迟十数日，夏居士必返白马湖，当与彼商量，预备后事，并交付遗嘱，可作此生一结束矣。此次为新华同学诸君书写字幅，本为往生西方临别之纪念。深愧精力不足，未能满足诸君之愿，但亦可稍留纪念。字之工拙，大小多少，可以不计也。余因未能满足诸君之愿，甚为抱歉。此意乞向新华诸君言之，请多多原谅为祷。

书法佳者，不必纸大而字多。故小幅之字，或较大幅为佳。因年老多病，精力不足写大幅时，常敷衍了事也。但以前交来之大直幅，决定书写，但留纪念，不计工拙也。承惠寄药品，收到，谢谢！

演音疏

下次仁者来时，乞购商务印书馆精制大楷纯羊毫（湖南笔）二支带下，注意笔名勿错。

四十七

（一九三二年七月廿六日，上虞法界寺）

质平居士：

顷由夏居士带来药及食品，已收到。参不须服，静养可渐愈耳。前寄新华一函，想早收到。此事乞斟酌详示为盼！

音士
七月廿六日

四十八

（一九三二年，上虞法界寺）

质平居士再览：

《华严集联》若排版，因格式复杂，排列不易，拟改由余书写行书字，照相石印二千册。便中乞到棋盘街（四马路附近）艺学社，购奏本纸三十张，价约二元左右（样纸付贻呈），交二马路昼锦里附近民局福润信局。寄致"甬绍铁路驿亭站横塘庙镇寿春堂药店，转交法界寺弘一收"为感。以后如寄物件，皆交民局；若信函或交邮局或交民局皆可。交民局乞写驿亭站，交邮局乞写百官。仁等若寄补品以桂圆肉为宜（不可多），他种皆不用，上海广东药店售者甚佳，价廉。

四十九

（一九三二年，上虞法界寺）

质平居士：

前云做衣之布尚有余者，如仍存贮宁波尊寓，乞托工人做小衫二件（若无布料不妨从缓，尺寸另纸写）。余于新历二十三日后，天晴时，即往伏龙寺。仁者如愿来游，乞于新历二十七日致四月十日之间，惠临甚宜。如有属书之件，乞随带来。四月十八日以后，余或即返金仙寺也。（旧端阳节前，仍往伏龙寺避暑）余于病后，神衰腰痛，乞仁者向大药房购兜安氏保肾丸一二瓶惠施，致感。其他补品，皆乞勿购。

五十

（一九三二年十月八日，上虞法界寺）

质平居士：

六日惠书，顷已披阅。永川开行，甚善。余拟于新历十九日（星期三）下午三时零五分到宁波，先此奉达。数日后，再致函详陈，挂号寄致宁校。乞仁者于十九日晨到校时，即向门役索阅挂号信可也。

演音疏

十月八日

五十一

（一九三二年，宁波）

质平居士慧鉴：

前奉明信，想已收到。昔存尊处书物等，乞分装为两大木箱（即粗制之木箱，运送书籍仪器者，网篮搬运不便），交上海陈嘉庚公司运致厦门为感。乞于前数日，先付邮寄一函（即信面写陈嘉庚公司者），令公司预知一切。迟数日后，仁者再携带木箱，持另一封信（信面写陈□□□□者）面交与彼，即可接洽一切。陈嘉庚令弟陈敬贤居士，为余之友人。以后凡有寄与厦门余收之物件，皆笃广交上海公司陈碧岩二君转送，致便利也。谨达不宣。

演音疏

五十二

（一九三二年，厦门）

质平居士道席：

前年由伏龙寺运送书物致厦门时，有未及装箱者，诸稿件等，存贮新华校中。今拟请将此稿件诸物检出，送交宁波转厦门，应需用也。乞烦尊校国文教师，检寻晚唐诗人韩偓传，抄写寄下为祷。宁波江夏街捷美行（轮船经理处）。

辜士辉先生转送厦门吴厝巷四号叶天铭居士转交弘一收

演音疏

五十三

（一九三三年六月十二日，泉州）

质平居士：

　　惠书承悉。仁者乞尽孝道，为慰。开吊之日，宜用素斋，万不可杀生，致为亡人增其罪戾也。乞与令兄商之。《心经》及签，写就附邮奉，不宣。

演音启

六月十二日

五十四

（一九三三年旧七月二十日，泉州）

质平居士：

　　惠书诵悉。尊疾想已痊愈，为念！前托为崇德法师书画件，能早寄去尤感。又以后倘有人询问余之住处者，乞概置勿答，致祷！

演音启

旧七月二十日

五十五

（一九三三年，泉州）

质平居士：

惠书诵悉。腰痛本是闪伤，属于外科；故前服清补腰部之药无效。近用止痛药水擦之（外科用），颇有效力，想不久即可痊愈也。服"百龄机"已数日，甚为合宜，以后拟继续服之。兹奉上洋四元，乞代购：

兜安氏止痛药水，二瓶。买时乞细看包纸上"兜安氏"三字及止痛药水字样。

牛奶饼干，一大盒。牛奶本是素物，可以供佛，但余近年来不甚愿食，今因病发，虚弱太甚，不得不食是以滋补也。

演音疏

五十六

（一九三四年旧四月十三日，厦门）

质平居士道席：

久不通讯，甚念。不久将闭关用功，谢绝诸事。兹寄上拙书一包，以为纪念。《清凉歌集》能出版否？开明世界（现蔡丏因任编辑事）及佛学书局，皆可印行，不须助印费。仁者仅任编订校对之事，即可成就也。前誊写版所印《清凉歌集》五首，如有存者，乞先寄与下记之处：

厦门南普陀寺高文显居士三份。厦门转泉州大开元寺慈儿院叶宗择居士三份。闭关以后，未能常通信。草草书此奉闻。不具。

演音启

旧四月十三日

五十七

（一九三四年，厦门）

质平居士道鉴：

前邮函及写件，想已收到。昨奉惠书，具悉一一。书面字附呈。前年由仁者代寄伏龙寺书籍等，交陈嘉庚公司时，尚余有稿纸诸物，存在新华，内有《华严经观自在章》写本（昔年曾由仁者抄写一卷），乞检出带下（内夹竹片，亦乞寄下）。仁者抄写者，前送他处，彼已遗失，不能付印；故请将余之写本寄下，以资读诵，或付印也。

演音启

五十八

（一九三五年四月八日，泉州）

质平居士丈室：

惠书诵悉。书箱式甚好，箱门题款，附写奉。施金十元，甚感。余今年恐不能返浙，此款即可作零用也。《世梦曲》乞先付油印（珍笔版），曲及伴奏，中文歌词及法文歌词，务乞详校无讹。印就以数十份寄下，俾广赠诸学者。

又以前之三首，亦乞译为法文歌词，再付油印（再印伴奏），亦寄下数十份。先以此油印者流通。俟《香花曲》撰就，再总付印，制锌版可也。谨复不具。

余在此讲律甚忙，半月后仍继续讲，身体甚健也。此信仁者收到后，乞示复。

演音启
四月八日

五十九

（一九三五年，泉州）

质平居士道鉴：

惠书诵悉。承施十金及《心经》，感谢无尽。近来无有病苦，希释怀可耳。《心经》，友人请求者甚多，乞再寄下二三包。音乐书面，十日内可以写好邮奉。歌集能于今年出版为宜，诸友屡屡询问也。出版时，乞往佛学书局（胶州路七号）与沈彬翰居士接洽一切。印法形式，皆可由仁者主之，并随时检校样本（此最要紧）。仁者认为十分满意后，乃以付印。佛学书局有分局数处，流通甚广，较开明为适宜也。印刷诸费，亦可由佛学书局负任，诸乞与沈居士商酌可也。近托彼处印"地藏菩萨九华垂迹图"一部（卢居士画十二页，用十三色珂罗版印，余题字十二页，用一色珂罗版印），中华书局印刷，每部实费五元，为吾国罕见之彩色印本。其印费悉由沈居士筹备，样本已印就，不久即可出版也，以后惠书，乞寄厦门南普陀寺，不宣。

音启

六十

（一九三六年，鼓浪屿）

质平居士道席：

前后明信，想已收到。歌集出版，乞惠施十册（寄南普陀广洽法师转）。余近居鼓浪屿闭关，其地为外国租界，致为安稳。但通信仍寄前写之处转交也。嘱写小联纸，尚未收到。俟秋凉时，用心书写，并拟写多叶结缘物也。以后与仁者通信，寄致宁波四中妥否？乞示知。附奉上拙书一叶，为今年旧元旦晨，朝起床坐床边所写。其时大病稍有起色，正九死一生之时。其时共写四叶，今以一叶赠与仁者，可为纪念也。

此次大病，为生平所未经历，亦所罕闻。自去年旧十一月底，发大热兼外症，一时并作。十二月中旬，热渐止，外症不愈。廷致正月初十，乃扶杖勉强下床步行（以前不能下床）。中旬到厦门就医，医者为留日医学博士黄丙丁君（泉州人）。彼久闻余名（人甚诚实），颇思晤谈。今请彼医，致为欢悦，十分尽心。致旧四月底（旧历有闰三月）共百余日，外症乃渐痊愈。据通例须医药电疗注射（每日往电疗一次）等费约五六百金，彼分文不收，深可感也。谨陈，不宣。

演音疏

六十一

（一九三六年旧十月十一日，鼓浪屿）

质平居士文席：

前函及写件，想已收到。余不久往山寺居住（山中四季有蚊），需精密之蚊帐一件，乞便中向上海三友实业社，购已制成之蚊帐（夏季用，宜甚透风，纱质宜坚固。又纱孔宜小，恐蚊入内），即托三友社代为交邮局（依包裹例，乞仁者付与寄费），寄致厦门鼓浪屿日光岩弘一收，致要。因余尚须在日光岩居住月余，可以收到此物也。此陈，不宣。

演音启
旧十月十一晨灯下

六十二

（一九三六年，厦门寄慈）

质平居士惠鉴：

在甬诸承爱护，感谢无已。属写之件，俟稍暇为之，因不欲潦草塞责也。朽人近年以来，各地书札甚多，苦于无暇答复。今居乡间，付邮尤为不便。故自今以后，拟减少通信之处。唯有仁等及其他数处，仍继续通信。此外皆暂不通讯及晤面。印西师处亦不再通信及晤面。以后仁等如与印西师晤面时或通信时，谈及朽人者，乞告彼云："朽人决定遁世埋名。居住无定所，不愿告人，以后请彼勿再通信及晤面云云。"谨达，不具。

陶居士，乞为致候。

音上

六十三

（一九三六年，厦门）

遗嘱刘质平居士披阅：

余命终后，凡追悼会、建塔及其他纪念之事，皆不可做。因此种事与余无益，反失福也。

倘欲做一事业与余为纪念者，乞将《四分律比丘戒相表记》印二千册。

以一千册交佛学书局[闸北新民路国庆路口（即居士林旁）]流通，每册经手流通费五分，此资即赠与书局。请书局于《半月刊》中登广告。

以五百册赠与上海北四川路底内山书店存贮，以后赠与日本诸居士。

以五百册分赠同人。此书印资，请质平居士募集，并作跋语附印书后，仍由中华书局石印。（乞与印刷主任徐曜堃居士接洽，一切照前式，唯装订改良。）此书原稿，存在穆藕初居士处。乞托徐曜堃往借。此书系为余出家以后最大之著作，故宜流通以为纪念也。

弘一书

六十四

（一九三七年旧九月三十日，厦门）

质平居士文席：

　　前函及写件，想已收到。不久或移居乡间，通讯未便，故复续写若干件寄上；以后乞暂勿来信。如有要事，乞寄"厦门南普陀寺养正院内广洽法师转交弘一收"，或须迟致两三个月，乃于便中带到，亦未可知也。

　　今年写者较多，约四五百件矣。谨复，不具。

　　　　　　　　　　　　　　　　　　　　演音启
　　　　　　　　　　　　　　　　　　　旧九月晦日

六十五

（一九三七年，厦门）

质平居士：

　　惠书诵悉。慈念殷厚，感谢无尽！南闽冬暖夏凉，颇适老病之躯，故未能返浙也。稍迟有便，或往南洋。承施资，拟以充往南洋船费。谨复，并致谢忱。附奉一联，乞收受。

　　　　　　　　　　　　　　　　　　　　演音启

六十六

（一九三七年，厦门）

质平居士道席：

　　惠书诵悉。承施资甚感！宣纸已收到。兹寄上七占联若干副，结缘件十五份。又前为韩偓写《品师经》一卷，亦以奉赠。俟余六十岁时，或可同人集资印此经，以为纪念也。仁者以后常读《药师经》，尤喜。附寄上注解一册，可以参考也。此注解中之经为后代流通本，余所写者依古藏原本，故稍有不同处也。谨复，不宣。

演音启

六十七

（一九三七年，青岛）

质平居士文席：

　　两奉惠书，具悉一一。承施资财，致感！此次到青岛后，如入欧美乡村，其建筑风景，为国内所未见也。前有友人劝余编辑儿童唱歌一卷，约初小程度，略含佛教浅理而无宗教色彩，以备佛教信者及他教信徒用之。未知仁者有暇任此事否？《清凉歌集》出版现象如何？仁者于下半年仍居宁波否？便乞示及！谨复不宣。

演音启

六十八

（一九三八年，厦门）

质平居士文席：

　　惠书诵悉。《阿弥陀经》，拟俟往生西方时再印，以为纪念（用袋装置甚善）。写件寄上二包，请收入。室小几小，又无人帮助，故七、八、十言联，皆不易书写。但写小幅以分送同人，为纪念也。此次寄上者甚多，想可敷用。今年即不再写奉。且俟明年有暇，再书写也。宣纸在此购置甚便，以后乞勿寄下。地名、山名及寺名、院名表，改订奉上（夹在写件包中）。又略考五纸，可以附编入文内。谨复，不宣。

演音启

　　邮寄须用浆糊或胶水贴牢固，否则易致脱落。前来函之邮票已落去。

六十九

（一九三八年，漳州）

质平居士丈室：

惠书诵悉，致慰远念。事事皆退一步想，当可无忧恼也。义仁者及眷属，皆应常念观世音菩萨名号，必可得危为安，逢凶化吉。兹先寄上七言二联。此外拟络续写二尺小堂幅一二百页，须俟秋后冬初，余入城时乃可寄奉。今居高山之上，距城约四十里。托人转送，殊未妥也。承施资，致感谢。略复，不宣。

音启

农历五月廿五日

七十

（一九三八年新八月一日，漳州）

质平居士澄览：

前复书，想早收到。兹奉拙书数纸，其中大佛字为新考案之格式，甚为美观。以后暇时，拟书若干纸，俟时局平静，再以邮奉也。

音启

新八月一日

七十一

（一九三九年旧四月廿一日，永春）

质平居士澄览：惠书诵悉，欢慰无量。承施资，致用感谢！拙书一幅又废稿四纸，并附奉上。谨复，不宣。

音启

农历四月二十一日

七十二

（一九三九年旧四月，永春）

质平居士文席：

变乱以来，时为悬念。去年曾致信片十海宁，由邮局退还。近奉惠书，致用欣慰！朽人近二年来，诸事顺遂，未经灾难。一月余前，移居永春山中。以后惠函，乞寄"福建永春县蓬壶乡弘一收"，即可到达。足问仅有邮局代办所，寄物未便。朽人近无所需，希勿远念。近两年来写字极多，将来暇时，拟写若干纸寄与仁者，广结法缘（今年世寿六十），但邮局寄递非易，或须俟时局稍定乃能寄上耳。不宣。

音启

农历四月十四日

七十三

（一九三九年农历九月二十九，永春）

质平居士文席：

　　惠书，于二十二日收到。承施资，拟俟明年正月初旬在本寺供面结缘，与在朽人诞辰无以异也。奉上拙书七页，其先后次序，以纸首之二字标写如左：（释门、敬奉、所以、于是、文中、睡痴、不礼），依此即可知其先后也。谨复并谢，不宣。

善梦启

六旬初度后九日

农历九月二十九日

七十四

（一九三九年，泉州）

质平居士：

　　尊函今日始收到。因乡间传递颇迟滞，或延致一星期乃致十日也。余前患伤寒及痢甚重，今已痊愈；唯身体甚弱，尚须调养，乃能复原耳。余以残烬之年，又多疾病，甚愿为诸同学多写字迹，留为纪念。

　　兹限定办法如下，是否合宜，乞酌之。因余多写长联，

152

字数尚少，书写之时，若有人在旁帮助，当不十分吃力。若小立轴，则字数较多，颇费时间矣。唯应写魏碑体（《护生画集》字体），可以于纸上一一标明（随各人意）。又欲写上款，亦须标明。又小立轴之佛号有三式，亦由属书者指定一式。

七十五

（一九四〇年正月十九日，永春）

质平居士智鉴：

惠书诵悉，致用欣慰。承施资，领受敬谢。兹奉达数事如下：

《华严集联》书册，宜改为长形，与《四分律戒相表记》相同，上下多留空白，致要。补记。

寄上写件一包，乞收入，以后再络续邮奉。包裹用之牛皮纸及细麻绳，皆缺乏。此次寄上者，乞仍寄还。尊处如存有旧牛皮纸及绳，亦乞一并寄下，以备需用。乞检无用之书籍寄下，即以此牛皮纸多层包裹，再以许多之麻绳缚之，即可妥寄。

朽人之字件，四边所留剩之空白纸，于装裱时，乞嘱裱工万万不可裁去。因此四边空白，皆有意义，甚为美观。若随意裁去，则大违朽人之用心计划矣。

对联之句皆重复，但不可乱配。因笔画字体各有不同。

兹由朽人于每联用纸贴合之，各对别贴，乞细心轻轻检查。

《清凉歌集》已绝版，将来时局平静，乞仁者托上海慕尔鸣路一百十一弄六号大法轮书局陈海量居士经理重印流通，以摄影制版为宜。其印资请彼向菲律宾性愿法师商酌，决无困难。《华严集联》亦可重印，托陈海量居士最妥。字宜缩小，上下之空白纸宜多，乃美观也。余俟后陈，不宣。

音启

正月十九日

七十六

（一九四〇年旧七月十三日，永春）

质平居士澄览：

前函及联对，想已收到。兹寄上拙书一包（邮局能寄否未能定，或须迟寄亦未可知），乞勿急于赠送，暂为存贮可也。朽人近两年来身体虽健，精神日衰。不久当往生极乐国。以后能再续寄拙书否？未可定也。又小字文稿二纸（又钞序二纸），并奉上，以为记念。谨陈不备。

音启

农历七月十三日

七十七

（一九四〇年九月八日，永春）

质平居士澄览：

惠书诵悉。承施资，致用感谢。闽南自去秋以来，物价昂贵。

近封锁海口，沪港货物不能运人，故价益昂。米价已涨致每石百二十元（去年仅五元余），小而薄之手巾，现价一元（昔仅值洋数分）。宣纸价前曾闻友人云；每张四元，故现在未能在此购买宣纸。仁者所寄五元，乞以施与朽人杂用，俟时局平静，由朽人自备宣纸，书联寄奉可也。兹附邮奉八言长联（去年元旦写，今秋题款），乞收入（此联纸重，兹先寄上一纸，其下联俟下次寄）。尚存（旧写）五言联一对亦宣纸者，俟后随信寄上。前寄上大佛字之纸，为闽特产。若装裱后，甚为美观。谨复，不具。

音启

九月八日

七十八

（一九四〇年九月三十日，永春）

质平居士文席：

前致书并联字，想悉收到。朽人世寿周甲已过，拟自下月半旬始，致明年除夕止，谢绝俗务，专心修持；须俟农历壬午元旦乃可与仁等通讯也。谨达，不宣。

音启

九月三十日

农历辛巳十一月，乞仁者写通讯地址，寄与夏居士或李圆晋居士转交与朽人。李居士寓上海静安寺路底蟪来新村二十五号。

致夏丏尊

一

（一九一八年六月十八日，杭州）

丏尊大士座下：

赐笺，敬悉。居士戒除荤酒，致善致善。父病日剧，宜为说念佛往生之法。临终一念，最为紧要。（临终时，多生多劫以来善恶之业，一齐现前，可畏也。）但能正念分明，念佛不辍，即往生可必。（释迦牟尼佛所说，十方诸佛所普赞，岂有虚语！）自力不足，居士能助念之，尤善。劝亲生西方，脱离生死轮回，世间大孝，宁有逾于是者。（临终时，万不可使家人环绕，妨其正念。

气绝一小叫，乃许家人入室举哀，致要致要。）净土经论集说，昭庆经房皆备，可以请阅。闻范居士将来杭，在佚生校内讲《起信论》。父病少间，居士可以往听。《紫柏老人集》（如未送还）希托佚生转奉范居士。不慧人。

演音稽首

六月十八日

二

（一九一八年中秋前二日，杭州）

丏尊居士：

顷有暇，写小联额贻仁者。前属楼子启鸿刻印，希为询问。如已就，望即送来。衲暂不他适。暇时幸过谈。不具。

释演音

中秋前二日

三

（一九一九年三月十一日，杭州）

丏尊居士：

前日叶子来谈，借悉起居胜常为慰。南京版《四书小参》《中庸直指》，仁者如已请来，希假一诵。（否则乞询佚生或有之，俟他日有人来带下，不急需也。）《归日元镜》（昭庆版）颇有可观，（曩以其为戏曲，甚轻视之。今偶检阅，词旨警切，感人甚深。）愿仁者请阅，并传示同人。近作一偈，附写奉览。不具。

释演音

三月十一日

四

（一九二〇年六月廿五日，新城）

丏尊居士文席：

曩承远送，深感厚谊。来新居楼居士家数日，将于二日后入山。七月十三日掩关，以是日为音剃染二周年也。吴建东居士前属撰杨溪尾惠济桥记，音以掩关期近，未暇构思，愿贤首代我为之。

演音

六月廿五日

159

五

（一九二一年八月廿七日，温州）

丏尊居士：

江干之别，有如昨日。吴子书来，知仁归卧湖上，脱屣尘劳，甚善甚善。余以是岁春残，始来永宁，（寓温州南门外城下寮）掩室谢客，一心念佛，将以二载，圆成其愿。仁者迩来精进何似？衰老浸致，幸宜早自努力。义海渊微，未易穷讨，念佛一法，最契时机。印老文钞，宜熟览玩味，自知其下手处也。（可先阅其书札一类。）仁或来瓯，希于半月前先以书达，当可晋接。秋凉，唯珍重不具。（便中代求松烟墨二锭寄下。）

演音

八月廿七日

六

（一九二九年旧三月，温州）

丏尊居士：

到温后，即奉上明信，想已收到。铜模字已试写二页，奉上。

乞与开明主人酌核。余近来精神衰颓，目力昏花。若写

160

此体或稍有把握，前后可以大致一律。若改写他体，恐难一律，故先以此样子奉呈。倘可用者，余即续写。否则拟即作罢（他体不能书写）。所存之格纸，拟写"小经"一卷，以奉开明主人，为纪念可耳。此次旅途甚受辛苦。致今喉痛及稍发热、咳嗽、头昏等症，相继而作。近来余深感娑婆之苦，欲早命终往生西方耳。谨陈，并候回玉。

演音

旧三月晦日

七

（一九二九年阳历五月初六，温州）

丏尊居士：

惠书，诵悉。承询所需。致用感谢。此次由闽致温，旅费甚省。故尚有余资。宿疾本因路途辛劳所致，今已愈十之九。铜模字即可书写。拟先写千余字寄上。俟动工镌刻后，再继续书写其余者。今细检商务铅字样本，致为繁杂。有应用之字而不列入者。有《康熙字典》所未载之僻字及俗体字，而反列入者。若依此书写，殊不适用。令拟改依《中华新字典》所载者书写，而略增加。总以适用于排印佛书及古书等为主。倘有欠缺，他时尚可随时补写也。墓志，造像不列目录，甚善。《佛教大辞典》，是否仍存尊处？因嘉兴前

161

来书谓未曾收到。如未送去，仍以存尊处为宜。阳历四月十九日寄挂号信与上海美专刘质平居士，致今半月余，无有复音。乞为探询，质平是否仍在美专，或在他处？便中示知为感。

演音

阳历五月初六

八

（一九二九年旧八月廿九日，上虞白马湖晚晴山房）

丏尊居士：

惠书，诵悉。致白马湖后，诸事安适。致用欣慰。厕所及厨灶已动工构造。厨房用具等，拟于明后日，请唯净法师偕工人致百官购买。彼有多年理事之经验，诸事内行，必能措置妥善也。山房可以自炊，不用侍者。今日拟向章君处领洋十五元，购厨房用具及食用油盐米豆等物。其将来按月领款办法，俟与仁者晤面时详酌。立会经理此款资，甚善。拟即请发起人为董事。其名目乞仁者等酌定。以后每月领取之食用费，作为此会布施之义而领受之。（每月数目不能一定。因有时住二人，或有时仅一人，或二三人。此事晤面时详酌。）以后自炊之时，尊园菜蔬，由尊处斟酌随时布施。

（此事乞于便中写家书时提及，由便人送来，不须每日送。）一切菜蔬皆可食，无须选择也。草草复此，余俟面谈。联辉居士竭诚招待一切，致可感谢。不宣。

外五纸乞交子恺居士。

演音上

旧八月廿九日

九

（一九二九年九月，上虞白马湖）

丏尊居士：

惠书，诵悉。仁者有疾，行旅未便，本月可以不来白马湖。朽人于下旬即往上海，当可晤谈也。子恺校课与译务皆甚忙，亦可不来。杭州之事，可以稍缓无妨也。幸勿拘执俗礼。致祷。

演音

上九月初五

十

（一九二九年九月九日，上虞白马湖）

丏尊居士：

惠书，忻悉一一。摄影甚美，可喜。山房建筑，于美观上甚能注意，闻多出于石禅之计划也。石禅新居，由山房望之，不啻一幅画图。（后方之松树配置甚妙。）彼云：曾费心力，惨淡经营。良有以也。现在余虽未能久住山房，但寺院充公之说，时有所闻。未雨绸缪，早建此新居，贮蓄道粮，他年寺制或有重大之变化，亦可毫无忧虑，仍能安居度日。故余对于山房建筑落成，深为庆慰。甚感仁等护法之厚意也。（秋后往闽闭关之事，是为宿愿，未能中止。他年仍可来居山房，终以此处为久居之地也。）以上之意，如仁者与发起诸居士及施资诸居士晤面之时，乞为代达。因恐他人以新居初成，即往他方或致疑讶者。故乞仁者善为之解释，俾令大众同生欢喜之心也。数日以来，承尊宅馈赠食品，助理杂务，一切顺适，致用感谢！顺达，不具。

演音答
重阳朝

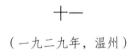

十一

（一九二九年，温州）

丏尊居士：

前奉上二片，想已收到。铜模已试写三十页。费尽心力，务求其大小匀称。但其结果，仍未能满意。现由余详细思维，此事只可中止。其原因如下：

（一）此事向无有创办者，想必有困难之处。今余试之，果然困难。因字之大小与笔画之粗细及结体之或长或方或扁，皆难一律。今余书写之字，依整张之纸看之，似甚齐整。但若拆开，以异部之字数纸（如口、卩、亻、匸、儿等），拼集作为一行观之，则弱点毕露，甚为难看。余曾屡次试验，极为扫兴，故拟中止。

（二）去年应允此事之时，未经详细考虑；今既书写之时，乃知其中有种种之字，为出家人书写甚不合宜者。如刀部中残酷凶恶之字甚多。又女部中更不堪言。尸部中更有极秽之字，余殊不愿执笔书写。此为第二之原因（此原因甚为重要）。

（三）余近来眼有病。戴眼镜久，则眼痛。将来或患增剧，即不得不停止写字。则此事亦终不能完毕。与其将来功亏一篑，不如现在即停止。此为第三之原因。余素重承诺，决不愿食言。今此事实有不得已之种种苦衷。务乞仁者向开明主人之前，代为求其宽恕谅解，致为感祷。所余之纸，拟书写短篇之佛经三种（如《心经》之类是），以塞其责，聊赎余罪。

前寄来之碑帖等，余已赠与泉州某师。又《新字典》及铅字样本并未书写之红方格纸，亦乞悉赠与余。致为感谢。余近来精神衰颓，远不如去秋晤谈时之形状。质平前属撰之《歌集》，亦屡构思，竟不能成一章。止可食言而中止耳。余年老矣，屡为食言之事。日夜自思，殊为抱愧，然亦无可如何耳。务乞多多原谅。致感致感。已写之三十张奉上，乞收入。

演音上

旧四月十二日

十二

（一九二九年冬，厦门）

丏尊居士：

来厦门后，居太平岩。拟暂不往泉州，因开元寺有军队多人驻扎也。《临古法书序文》写就，附以奉览。此书出版之后，余不欲受领版税（即分取售得之资）。因身为沙门，若受此财，于心不安。倘书店愿有以酬报者，乞于每版印刷时，赠余印本若干册，当为之分赠结缘，是固余所欢喜仰望者也。将来字模制就，印佛书时，亦乞依此法。每次赠余原书若干册。此意便中乞与章居士谈之，并乞代为致候。字模之字，决定用时路之体。（不固执己见。）其形大致如下。（将来再加练习，可较此为佳。）世间如梦非，字与字之间，皆有适宜之空白。将来排版之时，可以不必另加铅条隔之。唯双行小注，仍宜加铅条间隔耳。（或以四小字占一大字之地位，圈点免去。此事俟将来再详酌。）是间气候甚暖。日间仅着布小衫一件，早晚则着两三件。老病之体，甚为安适。附一纸及汇票，乞交子恺。

演音上

十三

（一九三〇年旧四月廿八日，温州）

丏尊居士：顷诵尊函，并金二十元，感谢无尽。余近来衰病之由，未曾详告仁者。今略记之如下：去秋往厦门后，身体甚健。今年正月（旧历，以下同），在承天寺居住之时，寺中驻兵五百余人。距余居室数丈之处，练习放枪并学吹喇叭，及其他体操唱歌等。有种种之声音，惊恐扰乱，昼夜不宁。而余则竭力忍耐，致三月中旬，乃动身归来。轮舟之中，又与兵士二百余人同乘（由彼等封船）。种种逼迫，种种污秽，殆非言语可以形容。共同乘二昼夜，乃致福州。余虽强自支持，但脑神经已受重伤。故致温州，身心已疲劳万分。遂即致疾，致今犹未十分痊愈。

庆福寺中，在余归来之前数日，亦驻有兵士，致今未退。楼窗前二丈之外，亦驻有多数之兵。虽亦有放枪喧哗等事，但较在福建时则胜多多矣。所谓"秋荼之甘，或云如荠"也。余自念此种逆恼之境，为生平所未经历者。定是宿世恶业所感，有此苦报。故余虽身心备受诸苦，而道念颇有增进。佛说八苦为八师，洵精确之定论也。余自经种种摧

167

折，于世间诸事绝少兴味。不久即正式闭关，不再与世人往来矣。（以上之事，乞与子恺一谈。他人之处，无须提及为要。）以后通信，唯有仁者及子恺、质平等。其他如厦门、杭州等处，皆致函诀别，尽此形寿不再晤面及通信等。以后他人如向仁者或子恺询问余之踪迹者，乞以"虽存如殁"四字答之，并告以万勿访问及通信等。质平处，余亦为彼写经等，以塞其责，并致书谢罪。现在诸事皆已结束。唯有徐蔚如编校《华严疏钞》，属余参订，须随时通信。返山房之事，尚须斟酌，俟后奉达（临动身时当通知）。山房之中，乞勿添制纱窗。因余向来不喜此物。山房地较高，蚊不多也。余现在无大病。唯身心衰弱。又手颤、眼花、神昏，臂痛不易举，凡此皆衰老之相耳。甚愿早生西方。谨复，不具一一。

马居士石图章一包，前存子恺处。乞托彼便中交去，并向马居士致诀别之意。今后不再通信及晤面矣。

演音旧

四月廿八日

十四

（一九三〇年新历五月廿九日，温州）

丏尊居士：

前寄写经，续寄一函，想悉收到。余拟于新历六月五日

168

（星期四）到宁波（三日自温动身）。在北门白衣寺暂住二三日。乞仁等十六日（星期五）或七日（星期六）自上海搭轮船来为盼。仁等到宁波时，乞坐人力车，致北门白衣寺（车力约二角余）。到白衣寺，乞问慧性师。倘云不知，乞问念佛堂内出尘老和尚，由彼二人，可以引导与余晤谈也。有应商酌之事，统俟面谈。乞仁者先去信，托尊府人到山房洒扫。又如有寄与弘一之信，乞代收，云云。《临古法书》出版后，乞更改寄处如下：（前纸作废。）福建泉州承天寺性愿法师三十册，厦门南普陀大醒法师二十册，温州大南门庆福寺因弘法师二十册，天津河东山西会馆南李晋章居士二十册，白马湖弘一十册。共百册。种种费神，致为感谢。附一纸，乞交丰居士。

演音

新历五月廿九日

十五

（一九三〇年，上虞白马湖）

返山房后，诸承照料，感谢无尽。子渊及尊府送来烧饼甚多，乞仁者勿再买饼干，亦勿买罐头。闭门用功之广告，拟即日贴于门外（不俟七月六日）。但此是对外方人。若仁等则非此限也。白衣寺安心头陀，今日来山房。声泪俱下，约余往甬。泥水工人，昨日已做工一日。囡天气阴雨无定，嘱彼暂止。以后如有出家人在家人等，向尊处或子恺处，询问余之消息。乞告以不晤客、不通信等。

音上
一九三〇

《佛教大辞典》太笨重，现在亦不披阅，乞仍存沪上。倘他日子恺往嘉兴时，乞彼于便中，带交"第二中学蔡丏因收"。但不必急急也。又白。

十六

（一九三〇年，上虞横塘镇法界寺）

丏尊居士：

移居之事，诸承护念，感谢无尽！居此已数日，致为安适。气候与普陀相似。蚊蝇等甚稀，用功最为相宜。居此山中，与闭关无以异也。以后出家在家诸师友，有询问余之踪迹者，乞告以云游他方，谢客用功，未能通讯及晤谈云云。附一纸，便中乞交丰居士。不具。

演音本寺有工人一名，每日致余处送饭、送开水及其他杂事，甚为精勤。每月似应以资酬谢，与赠送寺中伙食费同时交去。每月应付寺中之伙食费及工人费，拟请由山房存款利息内支付。因余居彼居此，无以异也。前存泉州行李三件，拟托彼觅便人带致上海，送存江南银行。乞仁者为写一凭信，寄致余处，转为寄去。信函写：外行李三件，送交宁波路（乞写极详细之地址）江南银行某人收云云。信内，乞写托其收下觅便带致白马湖夏寓。宁波路之地址，能绘一图尤善。因外乡之人，不易寻觅也。附白。

十七

（一九三〇年，上虞法界寺）

丐尊居士：

两奉惠书，具悉一一。诸承慈念，感谢无既。兹奉上钞票洋十八元，乞便中托人到邮局，以十七元五角汇往南京。汇票上写法，汇款人：上海兆丰路口开明书店夏丏尊。收款人：南京延龄巷马路金陵刻经处。所余之五角，即作为汇费及挂号信费等可也。附信一件，未封口，乞托人将汇票装入代为封口寄去为祷！种种费神，感激无尽！不具。

演音疏

十八

丐尊居士：

南京经书已寄到，乞勿念。居法界月余，甚安。与闭关无以异也。以后倘有出家在家之人，向仁者询问余之近状者。乞告以隐遁用功，不再晤面及通信，（现住之处勿告彼）云云。他日仁者返白马湖时，乞惠临一谈，为祷！

音上

闰月十日

十九

（一九三〇年旧七月八日）

丐尊居士：

惠书，前已诵悉。又由尊宅送到书籍及惠施诸物，致用感谢。宿疾已渐愈。质平前日来此，二宿而去。佩弦居士及尊眷属书三幅，已写就。俟后面呈。《临古法书》承为代寄，甚感。谨复，不具。

演音

旧七月八日

倘有向尊处询问余之踪迹者，乞答以遁居他方，未能见客及通信。现住之地及寺名，乞勿告知。

二十

（一九三〇年十二月二日，慈溪鸣鹤场金仙寺）

丐尊居士：

今晨奉惠书，具悉一一。重阳前后，朽人曾寄信片致开明（通告九月未能返白马湖），想已遗失。致劳远念，深为歉然。日报所载，有传闻失实处。此书版，旧藏福州鼓山，久无人知。朽人前年无意中见之。乃劝苏居士印廿五部。（以十二部赠与日邦。）按吾国江浙旧经版，经洪杨之乱，皆成灰烬。最古者，唯有北京龙藏版，大约雍正时刻。今此《华严经疏论纂要》为康熙时版或为吾国现存之最古之经版，亦未可知也。（此意便中乞告内山居士。）此外，彼处尚有古版数种，甚盼将来有人印刷流布。附一纸，乞呈西田大士。并希致候。不宣。

音复

承询所需，深为感谢。现无需用，俟后奉达。返白马湖期，俟讲经圆满再订。现在每日听静权法师讲《地藏菩萨本愿经》。白衣寺孤儿院事，甚为棘手，拟暂缓往。子皑居士处久未通讯，甚为思念。乞代致候。三年前，往内山居士处时，见其屋隅（即陈列佛书之处）有黄皮厚册之《华严……》（忘其名，为《华严概论》之类），现朽人甚思得此书。他日如仁者见内山居士时，乞为一询。如无，亦无妨也。此书倘承惠寄，乞交二马路全盛信局，即可寄致慈北鸣鹤场，或交邮局亦可。附白。

十二月二日

二十一

（一九三〇年十二月十四日，慈溪金仙寺）

丐尊居士慧鉴：

前日奉手书，欣悉一一。承寄之书籍，昨日已收到。兹寄上拙书二纸，一赠天香大士，一赠内山居士（附邮挂号奉上）。附呈致小楼居士一纸，乞转交。又致内山居士三纸，乞转交。并乞为说明其意，因彼不甚解汉文也。又请经目录一纸，乞于晚晴护法会大洋三十元，托人持此目录，往北火车站东首宝山路口佛学书局购请。并托佛学书局代寄，即将邮资及挂号资付清。所余之零资乞购邮票，于他日便中寄下。种种费神，感谢无尽。又致丰居士一纸，亦乞于便中转交。及附拙书六纸，乞随意转赠他人结缘。（此六纸别挂号寄上。）

演音疏

十二月十四日

二十二

（一九三〇年，温州）

丏尊居士慧览：

前上书，想已收到。旧历明年正月元宵后，即拟觅便返法界寺。极迟或延致正月底，必可到法界也。其时当先到尊寓午餐，然后乘船而往。再者，前致宁波时，偶一不慎，将衣袋中之钞票一包，完全遗落。幸得友人资助，得以动身致温州。将来由温返白马湖时，所需路费及买物等费，仍乞护法会有以施助，致为感荷！以前在闽南过冬两年，无有所苦。今岁骤值奇寒，老体已不能支持。明冬如仍在世，只可再往闽南过冬矣。谨达，不具。

音上

立春后一日

二十三

（一九三一年中秋节，慈溪金仙寺）

丏尊居士慧览：

绍兴诸居士等，盼望朽人往彼一游甚切。拟二三日即动身往绍。将来或顺便致杭沪，亦未可定也。俟返法界寺时，再致函奉达。前得黄寄慈居士函，谓彼校颇欲以拙书临古印本为习字用，惜其价太昂云云。可否乞仁者转商诸章居士，另印江南连史纸，粗率装订者发行。则定价可在六七角也。不宜。

演音
中秋节

二十四

（一九三二年，上虞法界寺）

丏尊居士：

昔承过谈，致为感慰！朽人于八月十一日患伤寒，发热甚剧，殆不省人事。入夜，兼痢疾。延致十四日乃稍愈。致昨日（十八日）已获全愈，饮食如常，唯力疲耳。此次患病颇重。倘疗养不能如法，可以缠绵数月。幸朽人稍知医理，自己觅旧存之药服之。并断食一日，减食数日。遂能早痊。

（此病照例须半月或两旬。）实出意料之外耳。未曾延医市药，故费用无多，仅半元余耳。（买绿豆、冬瓜、萝卜等。）前存之痧药等，大半用罄，唯余药水半瓶。乞仁者便中托人代购下记之药以惠施，他口觅便带下。因山居若遇急病，难觅医药。（即非急病，亦甚困难。）故不得不稍有储蓄耳。（药名另写一纸。）如此之重病，朽人已多年未患。今以五十之年而患此病，又深感病中起立做事之困难（无有看病之人），故丁此娑婆世界，已不再生贪恋之想。唯冀早生西方耳。阳历九月十日以后，仁者或可返里。其时天气已渐凉（已过白露节）。乞惠临法界寺，与住持预商临终助念及身后之事，致为感企！此次病剧之时，深悔未曾预备遗嘱（助念等事）。故犹未能一意求生西方，唯希病愈，良用自惭耳。今病已愈，乞仁者万勿挂念。丰居士并此致候。不具。

演音
八月十九晨

二十五

（一九三二年冬，厦门）

丏尊居士：

久未通讯，甚念。厦门天气甚暖。石榴花、桂花、晚香玉、白兰花、玫瑰花等，皆仍开放。又有热带之奇花异草甚多。几不知世间尚有严冬风雪之苦矣。近由李圆净居士交致尊处之天津寄款二十元，乞便中托人送致愚园路胶州路七号佛学书局交沈彬翰居士，收入第七六六号弘一存款户头中，以备将来请经之用。致为感谢。拟于旧历正月二十一日，即蕅益大师涅槃之日，在此讲《四分律戒本》及《表记》。

演音疏

二十六

（一九三三年，泉州）

丐尊居士道鉴：

因事留滞泉州，秋晚乃可入山也（今年未能北上）。前承尊戚施眼镜，甚为适用。但携带未能轻便。仁者前用之眼镜，如已不台用，（闻人云，近十年即须换。）乞以惠施。因余犹可适用此光也。且备有两具，万一有破碎亦可资急需。致镜边金质，可用他物涂之，无有碍也。唯付邮寄下，颇非易事，或致途中破损。乞托眼镜公司代寄，当妥善也。惠书，仍寄厦门转泉州大开元寺。（二月后方移居。）

演音启

二十七

（一九三三年，泉州草庵）

丏尊居士：

前明信，想已收到。居此甚安，乞释慈念。兹有恳者，乞汇洋十元，致南京延龄巷马路金陵刻经处。云系弘一购经之款，请彼存贮，云云。费神，致感。通讯处，尚无有定。信面写开元寺，但音仍在草庵也，距泉州三十里乡间。

演音疏

二十八

（一九三四年二月十七日，厦门）

丏尊居士道席：

惠书，诵悉。近见仁者所撰《辞通序》，古雅渊懿，致为欢赞。

并悉作者为老儒，因写字一页赠之，乞托宋居士转交。不宣。

演音启

二月十七日

二十九

（一九三四年，厦门）

丐尊居士道鉴：

惠书诵悉，致用感慰！近来老态日增，足力未健，不胜舟车之劳，恐一时未能北上，致用怅然耳。近因研习编辑，请经甚多，乞再汇二十元致金陵刻经处。为祷。附笺，乞并寄去。以后惠书，乞寄厦门南普陀寺转交弘一收。谨复，不具。

演音启

三十

（一九三五年旧五月廿八日，惠安）

丐尊居士道鉴：

惠书，具悉。吉子临终，安详无苦，是助念佛名力也。余自昨夕始，为诵《华严行愿品》。又有友人（不须酬资）亦为诵《行愿品》及《金刚经》。附奉上诵经证，请于灵前焚化可也。净峰寺在惠安县东三十里半岛之小山上，三面临海（与陆地连处仅十分之一）。夏季甚为凉爽，冬季北风为山所障，亦不寒也。小山之石，玲珑重叠，如书斋几上所供之珍品，惜在此荒僻之所无人玩赏耳。附奉《表记附录》一章，拟附于再版《表记》之后（用小号仿宋字排印）。倘陈无我居士来时，乞面交与。若已来者，乞挂号寄致世界新闻社。（大约在慕尔鸣路，乞探询之。）费神，致感！不宣。

开明出版《子恺漫画》，其卷首有仁者序文述余往事者，已忘其书名，乞寄赠四册，以结善缘，致用感谢！

演音复疏
旧五月廿八日

三十一

（一九三五年，惠安）

丐尊居士道鉴：

久未致讯，致念。上月徙居山中，距邮政代办所八里，投信未便，故诸友处悉无音问也。兹拟向佛学书局请经，附一笺乞转送，并乞由晚晴会施洋三十元附递。费神，致感！山乡风俗淳古，男业木、土、石工，女任耕田、挑担。男四十岁以上多有辫发者。女子装束更古，岂唯清初，或是千数百年来之遗风耳。余居此间，有如世外桃源，深自庆喜。开明出版拙书《华严集联》及《李息翁法书》，乞各寄下三册，以结善缘，感谢无尽！惠书乞寄厦门转惠安县东门外黄坑铺港仔街回春号药店刘清辉居士转交净峰寺弘一收。

演音疏

三十二

（一九三五年，惠安）

丏尊居士道鉴：

前函想达慧览。兹拟将《四分律比丘戒相表记》，再版石印二千册流传。所需多金，前年曾属丰居士商诸仁者，由护法会捐助，已荷欢赞。今托上海世界新闻社陈无我居士（太平洋报社旧友）经手办理一切。需资之时，径向仁处领取。即依彼说之数目，交付为感。谨陈，不宣。

演音疏

三十三

（一九三五年，泉州）

丏尊居士慧鉴：

惠书，于今日始收到（因无便人带来）。《表记》样本甚为清楚。余初意以为依小字摄影恐致模糊，今乃得良好之结果，致用欢慰。此事始终承仁者尽心辅助，感谢无量。净峰寺主去职，余亦随之他往。大约居住草庵。以后半月内通讯，乞寄泉州城内百源村百源庵（义名铜佛寺觉彻法师转交）。半月后通讯，乞寄厦门南普陀寺养正院广洽法师转交，致妥。谨复，不宣。

演音启

新历十一月四日

三十四

（一九三六年正月初八日，泉州）

丏尊居士道席：

一月半前，因往乡间讲经，居于黑暗室中，感受污浊之空气，遂发大热，神志昏迷，复起皮肤外症极重。此次大病，为生平所未经过。虽极痛苦，幸佛法自慰，精神上尚能安也。其中有数日病势凶险，已濒于危，有诸善友为之诵经忏悔，乃转危为安。近十日来，饮食如常，热已退尽。唯外症不能速愈，故致今仍卧床不能履地，大约再经一二月乃能全愈也。前年承护法会施资请购日本占书（其书店，为名古屋中区门前町其中堂），获益甚大。今拟继续购请。乞再赐日金六百元，托内山书店交银行汇去，"购书单"一纸附奉上，亦乞托内山转寄为感。此次大病，居乡间寺内，承寺中种种优待。一切费用皆寺中出，其数甚巨；又能热心看病，诚可感也。乞另汇下四十元，此四十元，以二十元赠与寺中（以他种名义），其余二十元自用。屡荷厚施，感谢无尽！

以后通信，乞寄"厦门南普陀寺养正院广洽法师转交"。余约于病愈春暖后，移居厦门。又白。

演音启
旧正月初八日

三十五

（一九三六年，厦门）

丏尊居士：

　　惠书，诵悉。承施多资，致用感谢。前拟赠与草庵二十元，彼不肯受。今拟以物件等（价约近十元）赠奉。其余十余元，即由音自受用也。宿疾已渐愈，以后通讯，乞寄厦门南普陀寺养正院广洽法师转交弘一，致为稳妥。虽偶云游他处，彼亦可转送也。前奉托诸事，诸承费神，感激无尽！谨复，不宣。

演音疏

三十六

（一九三六年三月廿八日，厦门）

丏尊居士道席：

　　前复明信，想已收到。宿疾约再迟一月，可以全愈。此次请黄博士治疗，彼本不欲收费。唯电火药物等实费，统计约近百金。若不稍为补助，似有未可。拟赠以厦门日本药房礼券五十元一纸及拙书等。此款乞便中于护法会资支寄惠施，致用感谢。此次大病（内外症并发），为生平所未经过，历时近半载，九死一生。虽肉体颇受痛苦，但于佛法颇能实地经验，受大利益，亦昔所未有者也。谨陈，不宣。

演音疏

三月廿八日

以后通讯，乞写"厦门南普陀寺养正院转交"。后天起，在此讲律。约一月余讲毕，移居鼓浪屿。通信处仍旧由养正院转。

三十七

（一九三六年，厦门）

丐尊居士道席：

近因友人之约，已移居南普陀寺暂住。附寄《韩偓》草稿一包，为余请高君编者。其原委，乞阅此稿《后记》中，即可知之。是事甚有趣味。想仁者必甚欢赞，乐为出版流布也。（此书乍观之，似为文学书。但其提倡气节，屏斥淫靡，亦且倡导佛法，实为益世之佳作。）其原稿，曾由余删改。今所寄奉者，为第二次抄写之本，多由幼童书写，颇有讹字。又高君于著作罕有经验，虽引证繁博，但恐有讹舛处，其标点记号误脱处尤多。乞仁者先托人为译校二次（第一次校正其文字，第二次校正标点记号）。致用感谢！以后惠书，乞寄厦门南普陀寺养正院广洽法师转交弘一收。

开明版《护生生画集》，因印刷太多，拙书之字已肥粗不清楚。又杜甫诗脱落一个字。拟再书写瘦休之字，重制锌版印行。倘承赞喜，即书写奉上也。又及。

演音启

立春前一日

三十八

（一九三六年，厦门）

丏尊居士道席：

惠书，诵悉。拙书附邮奉。又《塞笳集》四册，以供法喜。惠施诸书，悉收到。《其中堂书目》已寄来。拟以前款大多数，请购戒律，余者请他种佛书，并购俗典近千元。谨以附闻。不宣。

演音疏

旧重阳前

三十九

（一九三六年六月十九日，厦门）

丏尊居士道席：

惠书诵悉。前函未收到，以后若有要事以挂号为妥。签题及序文奉上。前月所拟第二三辑编订法，乃一时之理想。近为详思，殊难实行（且将来有种种困难）。将来编第二辑时，仍拟与第一次大致相似，先列短篇之经律论（律论或缺）译本，后列此士撰述，凡拙作及艺术等文酌选数种附于其后。第三辑以后，亦尔。如此变通办法，未知可否？乞与书局主事商之。便中示复为祷。所寄日本书三部，已收到。谨复，不备。

演音疏
六月十九日

四十

（一九三七年正月四日，厦门）

丏尊居士道鉴：

惠书，诵悉。致为欢忭。没后千载，无有人为之表彰者。今仁者以此稿出版，广为流布，若有知，当深感谢。俟出版后，并希以若干册赠与朽人，以分致诸道侣也。《护生画集》另制版，甚善。所示办法，甚为赞喜！兹先书奉《金刚偈》一页，余俟后邮上。余于近六年来，研习《南山律羯磨》曾讲三次，讲稿亦改编数回，竭其心力，愿为弘阐。今岁明年，更拟重为整理编辑，并自书写。与前印之《戒相表记》相似，于廿八年老龄六十岁时出版流布，以为纪念。拟即用护法会资制版印刷，所阙亦无多也。前承诸友人为请购日本《佛教大辞汇》六册，致用感忭。彼于末次寄来时，内附广告，谓又增编续卷一册，内有全书索引、年表等，不久即可出版。乞托内山居士，俟出版时，仍乞购以惠施，价约五六元也。《韩惺》书端，乞请仁者及叶居士撰序冠之，尤善。高君自幼蔬食，其母及姊亦尔。全家信仰佛法，高君与姊不婚不嫁，故其家庭与寺院无异。近编此书甚费心力，余亦为之校改数次。今获出版，欢庆无尽。谨复，不宣。

演音疏

正月四日

四十一

（一九三七年八月三日，青岛）

丏尊居士道席：

惠书，诵悉。厚意殷勤，感谢无尽。青岛平安如常。书店等久已闭门休业。须俟他日开门，再往商酌领取可也。朽人于中秋节后动身否，暂不决定。倘动身者，所缺路资，亦可向同居某师借贷，俟将来叶居士即叶圣陶先生，时局平定时再偿还，乞仁者勿以是为虑也。湛山寺居僧近百人，毫无恒产，每月食物致少须三百元。现在住持者不生忧虑，因依佛法自有灵感，不致绝粮也。谨复，不宣。

演音疏

八月三日

四十二

（一九三七年旧八月初八日，青岛）

丏尊居士道席：

前复函，想已收到。青岛市面已渐恢复。曾向中华书局领款，彼云，未接上海开明之信及电话，现不能领取，云云。其他之某堂书店之款，已经领到。将来若乘火车南下，颇费周折，费昂而多劳。拟改为乘船，或直往厦门，或先到上海。北地冬春严寒，非衰老之躯所能堪也。谨复，不宣。

若往上海，拟暂寓泰安栈。（新北门外马路旁，面南，其地属法租界之边也。某银楼对门，与新北门旧址斜对门，在其西也。）即以电话通知仁者，当获晤谈也。

演音启

旧八月初八日

189

四十三

（一九三七年八月二十日，青岛）

丏尊居士道席：

　　到青岛后，曾上明信，想已收到。此次致青岛，预定住致中秋节为止（决不能早动身）。时轮船未必有。倘火车尚可通者，则乘火车到杭州（转济南换坐京浦车）。唯北方三等车，较沪杭大异，不能安坐。故不得不乘二等车。预算车资及其他杂用，所需甚多。拟请于护法会资中寄下八十元。若有火车开行，于中秋节后必可动身也。谨陈，不宣。

演音启

八月二十日旧七月十五日

四十四

（一九三八年，惠安）

丏尊居士道鉴：

　　前复书，想已收到。近在惠安弘法，拟以《华严集联》十册施送。乞以护法会资请购此书十册，寄福建惠安县城内霞梧街集泉茶庄王颂平居士收。再乞以洋二十元寄与上海佛

190

学书局，附一纸亦乞一并寄去。致用感谢。不宣。

演音启

四十五

（一九三八年中秋节，漳州）

丐尊居士文席：

前上书，想悉收到。闽南时局倘无变化，朽人拟再迟月余返泉州小住，再往惠安。车路已毁损，由漳州致泉州三百里，须乘肩舆，需费甚多。拟请仁者汇资二十元，乞交上海农民银行汇漳最妥，因朽人与漳州分行行长相识也。（乞勿交邮局汇，领取时甚困难）。谨陈，不宣。

演音启
中秋节

四十六

（一九三八年，漳州）

丐尊居士道席：

前上信片，想已收到。兹拟向佛学书局购请佛书，附一函乞托人送去。并乞护法会惠施十五元，一并送去，致用感谢。

朽人在漳，诸事安适，一时尚未能返泉州也。谨达，不宣。

演音启

四十七

（一九三八年十一月二十日，泉州）

丏尊居士文席：

惠书，诵悉。厚情殷殷，致用感谢！朽人拟于旧十二月一日始（新正月二十日），在承天寺暂时闭关用功，不定期限，可以于数月后移往他处也。时局不宁，交通阻碍，明年能往江浙否，尚未能定。闭关后通信者，唯有仁者一处。子恺或有要事，可以书笺附于仁者函中寄来，亦可入览也。再者，前与陈无我、李圆净二居士商酌，拟重写《护生画集》，重制铜锌之版。此事尚未了结。以后彼二居士，关于《画集》之事，欲与朽人通讯者，亦送致尊处，由仁者便中附人寄来。朽人有必须复彼二居士之信，亦寄致仁者之处，乞为转交也。《画集》之事，不久即可了结，非是数数通讯也。以后唯有信面写仁者姓名，仍可送入关内。其他信件，皆由他人代拆代阅，暂为存贮，决不送致关内也。承询资用之事。前资，余者甚多。且闭关后，更少需用。乞勿汇寄。俟将来移居他处时，或有所需，当随时奉达。附致子恺一纸，乞检阅，并乞便中加封寄去。迟迟无妨。将来有写件寄与子恺者，拟寄致尊处，暂为保管，因桂林近况致不安也。

演音启

十一月二十日

四十八

（一九三九年正月二十九日，泉州）

丏尊居士文席：

惠书，诵悉。承施资致感。兹奉上拙书十二纸，乞受收。下月尚须在泉州讲经，往永春之期未定。谨复，不备。

音启

正月二十九日

四十九

（一九三九年四月十四日，永春）

丏尊居士文席：

惠书，诵悉。《护生画集》，拟先依旧本影印，仅题字重写，已由佛学书局承印。子恺居士所述之意，拟俟时事安静，再进行可耳。拙书若干纸，稍缓，俟友人入城时寄奉。朽人于前月余，寄居永春山中。以后惠函，乞寄福建永春县蓬壶乡弘一收，即可达到。谨复，不宣。

音启

四月十四日

五十

（一九三九年四月廿二日，永春）

丐尊居士渊鉴：

前复书，想已收到。拙书已就。计五言联八对，七言联二对，读律室额一纸，横幅二纸，斗方一纸，小堂幅（长二尺）二十纸，大堂幅（长二尺余）二十二纸（内有一纸仲盐款），共计一包。俟有妥便，送致邮局挂号奉上，或须稍迟也。以后暇时，再为续写奉上。兹有恳者，便中托人致功德林佛经流通处（以前在北泥城桥堍，未知今迁移否），请购《四分律行事钞资持记》一部（计二十册），价约十元左右，乞护法会施资。即托功德林用皮纸包裹两层（恐路远破损），付邮挂号寄下。倘功德林无有，再向佛学书局询问，以功德林所存者为善也。以后通讯，寄福建永春县蓬壶乡华记药店转普济寺。

音启

四月廿二日

五十一

（一九三九年五月十二日，永春）

丏尊居士道鉴：

　　惠书诵悉。《问答》一册，已收到。承询所需，致用感谢。朽人近居普济寺中，所有用款，皆由寺中支付。寺中住持，兼任南洋寺务，故常寄款资来，以助寺用。《画集》缘资五百元，亦其所募集也。故尊处施资，现不需用，乞勿寄下。谨谢，并复。不宣。

音启

五月十二日

五十二

（一九三九年六月十九日，永春）

丏尊居士澄览：

　　惠书两通，于今午同时收到。信笺稿写奉。刻木板时，乞勿移动其地位（印章亦勿移动）。因字形配合，及笔气连贯处，皆未能变易也。《护生画集》流布，承代谋画，甚感。朽人居深山中，诸事如常。永春及泉、漳等处居民，多朝散暮归，唯营夜市，以避机弹，致可悯也。信笺稿之字句，皆出于《华严经》。乞代达无我居士，并希致候。不宣。

音启

六月十九日

五十三

（一九三九年中秋后二日，永春）

丐尊居士澄览：

惠书诵悉。致用欢慰。书件，附挂号邮奉。以后暇时，拟多写结缘之书幅，俟时局平静即可邮寄也。承询所需，甚感。现无所需。居深山高峰麓，有如世外桃源，永春亦别名桃源也。谨复，不备。

音启

农历中秋后二日

附一笺及经名三纸，乞费神转交蔡丐因居士。彼昔居法租界环龙路三十号，近未通信，未审住所，乞转询之。附白。

五十四

（一九三九年十一月廿四日，永春）

丏尊居士文席：

数月前，曾将退回信件之签条数十纸，交与邮局代办所，代为张贴退回信件。但仁者之信件则在例外。故以前惠书，悉皆收到。此次则为代办所执事者误贴，故未收到，致用歉然。《画集》事，具写致李居士书中，乞披览。以后惠书，乞于函面写善梦之名，俾代办所人可以不致再误会也。不宣。

善梦启

十一月廿四日

福建永春县蓬壶乡华记药号转交普济寺善梦收。

五十五

（一九三九年，泉州）

丏尊居士文席：

今日已六十矣。今岁拟多写字结缘，便中乞惠施廿金，以备购宣纸及其他需用。拙书一纸，附奉慧览，不宣。

演音启

己卯元旦晨近来身体较前强健，齿力、目力皆佳，足力更健，无异少年。但精神颇呈老态耳。知念附闻。

五十六

（一九四〇年，永春）

丏尊居士澄览：

惠书，于前数日收到。《行事钞》亦于今晨由寺送致，甚为欢慰。画稿久已转邮寺中。附奉上拙书一纸。谨复，不宣。

音启

庚辰元旦清晨

五十七

（一九四〇年立春前一日，永春）

丏尊居士文席：

两奉惠书，具悉一一。拙师信已转交。承示怀旧文，厚意殷勤，致用感谢！闻浙中交通多阻，明年恐不能来山房也。前浙一师学生石有纪居士，近任安溪县长，曾来谈一次。彼谓若往山房，须由江山绕道。老体颓唐，不胜此艮途汽车之劳也。不宣。

演音启

立春前一日

五十八

（一九四〇年三月十八日，永春）

丏尊居士渊鉴：

惠书诵悉。附奉上致丰居士一笺，及佛字二纸，乞于便中附寄去。又致李居士一笺，乞阅毕，便中转交。迟迟无妨也。近问邮局，沪闽之间仍不能寄大包印刷品。前承寄《行事钞资持记》，于元旦晨收到，实为庆幸事也。谨复，不备。

音启

农历三月十八日

五十九

（一九四〇年九月，永春）

丏尊居士文席：

前复函写件，想已收到。兹寄上致子恺居士一笺及写件一纸，乞便中转寄。又与李圆净居士一笺，乞便中托陈无我居士转交，迟迟无妨也。谨恳，不宣。

音启

九月十二日

六十

（一九四〇年九月三十日，永春）

丏尊居士文席：

朽人世寿周甲已过。拟自下月中旬始，致农历明年辛巳除夕止，掩室静修。须俟壬午元旦，乃可与仁等通信也。仁者通信之处倘有变动，乞于辛巳十一月写交李圆净居士转送。谨陈，不宣。

音启

九月三十日

六十一

（一九四二年四月七日，泉州）

丏尊居士文席：

去冬沪变时，曾致明片，未审收到否？《画集》资料，想尚未辑就，无足介意也。因现在诸物昂贵，亦甚难出版。泉州米价将致三百，火柴每一小盒二圆，其他可知。贫民苦矣。朽人幸托庇佛门，食用无虑，诸事丰足，惭愧惭愧。拙书二纸，乞随意结缘。略陈，不宣。

音启

四月七日

六十二

（一九四二年九月，泉州）

丏尊居士文席：

朽人已于九月初四日迁化。曾赋二偈，附录于后："君子之交，其淡如水。执象而求，咫尺千里。问余何适，廓尔亡言。华枝春满，天心月圆。"谨达，不宣。

音启

前所记月日，系依农历。又白。

致丰子恺

一

（一九二九年八月十四日，温州）

子恺居士：

初三日惠书，诵悉。兹条复如下：

△周居士动身已延期。网篮恐须稍迟，乃可带上。

△《佛教史迹》已收到，如立达仅存此一份，他日仍拟送还。

△护生画，拟请李居士等选择（因李居士所见应与朽人同）。俟一切决定后，再寄来由朽人书写文字。

△不录《楞伽》等经文，李居士所见，与朽人同。

△画集虽应用中国纸印，但表纸仍不妨用西洋风之图案画，以二色或三色印之。致于用线穿订，拟用日本式。即是此种之式，系用线索结纽者，与中国佛经之穿订法不同。朽

人之意，以为此书须多注重于未信佛法之新学家一方面，推广赠送。故表纸与装订，须极新颖警目。俾阅者一见表纸，即知其为新式之艺术品，非是陈旧式之劝善图画。倘表纸与寻常佛书相似，则彼等仅见《护生画集》之签条，或作寻常之佛书同视，而不再披阅其内容矣。故表纸与装订，倘能致极新颖，美观夺目，则为此书之内容增光不小，可以引起阅者满足欢喜之兴味。内容用中国纸印，则乡间亦可照样翻刻。似与李居士之意，亦不相违。此事再乞商之。

△李居士属书签条，附写奉上。

△"小请友"三字之意，即是如《华严经》云："非是众生请我发心，我自为众生作不请之友。"之意。因寻常为他人帮忙者，应待他人请求，乃可为之。今发善提心者，则不然。不待他人请求，自己发心，情愿为众生帮忙，代众生受苦等。友者，友人也。指自己愿为众生之友人。

△周孟由居士等，谆谆留朽人于今年仍居庆福寺。谓过一天，是一天，得过且过，云云。故朽人于今年下半年，拟不他往。俟明年致上海诸处时，再与仁者及丏翁等，商量筑室之事。现在似可缓议也。

△近病痢数日，已愈十之七八。唯胃肠衰弱，尚须缓缓调理，仍终日卧床耳。然不久必愈，乞勿悬念。承询需用，现在朽人零用之费，拟乞惠寄十元。又庆福寺贴补之费（今年五个月），约二十元（此款再迟两个月寄来亦不妨）。此款请旧友分任之。致于明年如何，俟后再酌。

203

△承李居士寄来《梵网经》，万钧氏书札，皆收到。谢谢。病起无力，草草复此。其余，俟后再陈。

演音

上八月十四日

二

（一九二九年八月廿四日，温州）

予恺居士：

新作四首，写录奉览：

凄音

小鸟在樊笼，悲鸣音惨凄。

恻恻断肠语，哀衷乞命词。

向人说困苦，可怜人不知。

犹谓是欢娱，娱情尽日啼。

农夫与乳母

忆昔襁褓时，尝啜老牛乳。

年长食稻粱，赖尔耕作苦。

念此养育恩，何忍相忘汝！

西方之学者，倡人道主义。

不啖老牛肉，淡泊乐素食。

卓哉此美风，可以昭百世！

麟为仁兽，灵气所钟，不践生草，不履生虫。翳吾人类，应知其义，举足下足，常须留意，既勿故杀，亦勿误伤。去我慈心，存我天良。

[附注]：儿时读《毛诗·麟趾章》，注云："麟为仁兽，不践生草，不履生虫。"余讽其文，深为感叹。四十年来，未尝忘怀。

今撰护生诗歌，引述其义。后之览者，幸共知所警惕焉。

我的腿（旧配之诗，移入《修罗二》）
我的腿，善行走。
将来不免入汝手，
盐渍油烹佐春酒。
我欲乞哀怜，
不能作人言。
愿汝体恤猪命苦，
勿再杀戮与熬煎！

画集中《倒悬》一幅，拟乞改画。依原配之诗上二句，而作景物画一幅（即是"秋来霜露……芥有孙"之二句）。

画题亦须改易，因原画之趣味，已数见不鲜，未能出色；不如改作为景物画较优美有意味也。再者《刑场》与《平等》二幅，或可删，亦可留，乞仁者酌之。

论月

八月廿四日

三

(一九二九年八月廿六日，温州)

子恺居士慧览：

将来排列之次序，大约是：

（一）《夫妇》，（二）《芦菔生儿芥有孙之画》（案芦菔俗称萝卜），（三）《沉溺》，（四）《凄音》等。中间数幅，较前所定者，稍有变动。致《农夫与乳母》以下，悉仍旧也。

再者，《芦菔生儿芥有孙》之画，乞仅依"秋来霜露满东园，芦菔生儿芥有孙"二句之意画之。致末句中鸡豚，乞勿画人。

以前数次寄与仁者之信函，乞作画或改题者，兹再汇记如下：

△增画者《忏悔》《平和之歌》，共二幅。

△改画者《芦菔生儿芥有孙之画》（旧题为《倒悬》，

今乞改题）、《盼日与明朝》（旧题为《悬梁》）、《母之羽》，共三幅。

△修改画题者《沉溺》（原作《溺》）、《凄音》（原作《咽徒之歌》）、《诱惑》（原作《诱杀》）、《修罗一》（原作《肉》）、《修罗二》（原作《修罗》），共五处。以上所写，倘有未明了处，乞检阅前数函即知。

演音上

八月廿六日

今年夏间，南嘉兴蔡居士寄玻璃版印《华严经》二册致尊处（江湾），想早已收到（当时仁者在乡里），前函未提及，故再奉询。

四

（一九二九年八月廿九日，上虞白马湖）

子恺居士：

前日已致白马湖。承张居士代表招待一切，致用感慰。兹有四事，奉托如下：

一、乞画澄照律祖像一幅。别奉样式一纸，乞检阅。此像在《续藏经》中，今依彼原稿，略为缩小。如别纸中朱笔所画轮廓为限。如以原稿太繁密者，乞仁者以己意稍为简略。但仍以工笔细线画之为宜。画纸乞用拷碑纸，因将刻木板也。此画像，能于旧历九月中旬随夏居士返家之便带下，为感。

二、前存尊处之马一浮居士图章一包，乞于便中托人带致杭州，交还马居士。但此事迟早不妨。虽迟致数月之后亦可。马居士寓杭州联桥及弼教坊之间，延定巷旧第五号（或第四第六号）门牌内。

三、福建苏居士，今春在鼓山，定印《华严疏论纂要》多部。（此书系康熙古版，外间罕有流传。每部大约六十册，实费二十元。）拟以十二部分赠与日本各宗教大学及图书馆等，托内山书店代为分配及转寄。又以二部赠与上海功德林流通。附写信二纸，乞于便中转交内山书店及功德林佛经流通处为感。

四、有人以五元托仁者向功德林代请购下记之书：《华严处会感应缘起传》一册。其余之资，皆请购（功德林藏版）《地藏菩萨本愿经》若干册及其邮费。此书代为邮寄"温州大南门外庆福寺因弘法师收。"无须挂号。此款乞暂为垫付，俟他日托夏居士带奉。种种费神，感谢无尽！唯净法师偕来，诸事甚为妥善。秋后朽人或云游他方，仍拟请唯静法师在晚晴山房居住，管理物件及照料一切。彼亦有愿久住山房之意。闻仁者近就开明编辑之事，想甚冗忙，如少闲暇，九月中旬可以不来白马湖。俟他时朽人致上海，仍可晤谈也。俗礼幸勿拘泥，为祷。不具。

演音疏

旧八月廿九日

五

（一九二九年九月初四日，温州）

子恺居士：

前复信片，想达慧览。尚有白话诗二首，亦已作就，附写如下：

《母之羽》：雏儿依残羽，殷殷恋慈母。母亡儿不知，犹复相环守。念此亲爱情，能勿凄心否？

此下有小注，即述蝙蝠之事云云。俟后参考原文，再编述。

《平和之歌》：昔日互残杀，今朝共舞歌。一家庆安乐，大地颂平和。

附短跋云：李、丰二居士，发愿流布《护生画集》。盖以艺术作方便，人道主义为宗趣。虽曰导俗，亦有可观者焉。每画一页，附白话诗，选录古德者口首，余皆贤瓶道人补题。纂修既成，请余为之书写，并略记其梗概。新作之诗共十六首，皆已完成。但所作之诗，就艺术上而论，颇有遗憾。一以说明画中之意，言之太尽，无有含蓄，不留耐人寻味之余地。一以其文义浅薄鄙俗，无高尚玄妙之致。就此二种而论，实为缺点。但为导俗，令人易解，则亦不得不尔。然终不能登大雅之堂也。

画稿之中，其画幅大小，须相称合。如某一幅，似太大。《母之羽》一幅，似稍小。仁者能再改画，为宜。虽将来摄影之时，可以随意缩小放大，但终不如现在即配合适宜，俾免将来费事。且于朽人配写文字时，亦甚蒙其便利也。

附二纸，为致李居士者。乞仁者先阅览一过，便中面交与李居士，稍迟未妨也。

演音上

九月初四日

六

（一九二九年九月十二日，温州）

子恺居士：

昨晚获诵惠书，欣悉一一。兹复如下：

△续画之画稿，拟乞致明年旧历三月底为止。（因温州春寒殊甚。未能执笔书写。须俟四月天暖之后，乃能动笔。）由此时致明春三月，乞仁者随意作画，多少不拘。朽人深知此事不能限期求速就（写字作文等亦然）。若兴到落

笔，乃有佳作。所谓"妙手偶得之"也。致三月底即截止。由朽人用心书写。大约五月间，可以竣事。仁者新作之画，乞随时络续寄下。（又以前已选人之画稿及未选人者，并乞附入，便中寄下。）即由朽人选择。其选人者，并即补题诗句。

△白居易诗，"香饵"云云二句，系以鱼喻彼自己，或讽世人，非是护生之意。其义寄托遥深，非浅学所能解。乞勿用此诗作画。

△研究《起信论》，译佛教与科学之事，暂停无妨。礼拜念佛功课未尝间断，戒酒已一年，致堪欢喜赞叹。近来仁者诸事顺遂，实为仁者专诚礼拜念佛所致。念佛一声，能消无量罪，能获无量福。唯在于用心之诚恳恭敬与否，不专在于形式上之多少也。

△网篮迟致年假时带去，无妨。

△珂罗版《华严经》，乞赠李圆净居士一册。

△以后作画，无须忙迫。致画幅之多少，亦不必预计。如是乃有佳作。

△倘他日集中画幅再增多之时，则已删去之画，如《倒悬》《众生》（又名《上法场》）等，或仍可配合选入，俟他日再详酌。

△许居士如愿出家，当为设法。

△明年大约仍可居住庆福寺。因公园以筹款不足，停止进行，故尚安静可住。承诸友人赠送之资，致为感谢。此次

寄来之廿元，拟留充明年自己之零用。致于明年，尚需贴补寺中全年食费约六十元。又于地藏殿装玻璃门，及《续藏经》书柜之木架等费，朽人拟赠与寺中三十元。共计九十元。倘他日有友人送款资致仁者之处，乞为存积。俟今年阴历年底，朽人再斟酌情形。倘需用此款者，当致函奉闻，请仁者于明年春间便中汇下。此事须今年年底酌定，故所有款资，拟先存仁者之处，乞勿汇下。

△明年朽人能于秋间致上海否？难以预定。或不能来，亦未可知。因近来拟息心用功，专修净业。恐出外云游，心中浮动，有碍用功也。统俟明年再为酌定。

△明年与后年，两年之中，拟暂维持现状。致于夏居士所云建造房舍之事，俟辛未年，再行斟酌。

草草奉复。不具。再者，以后惠函，信面之上，乞勿写和尚二字。因俗例，须本寺住持，乃称和尚。朽人今居客位，以称大师或法师为宜。再者，愚夫愚妇及旧派之士农工商，所欢喜阅览者，为此派之画。但此派之画，须另请人画之。仁者及朽人，皆于此道外行。今所编之《护生画集》，专为新派有高等小学以上毕业程度之人阅览为主。彼愚夫等，虽阅之，亦仅能得极少份之利益，断不能赞美也。故关于愚夫等之顾虑，可以撇开。若必欲令愚夫等大得利益，只可再另编画集一部，专为此种人阅览，乃合宜也。

今此画集编辑之宗旨，前已与李居士陈说。第一，专为新派智识阶级之人（即高小毕业以上之程度）阅览。致他种人，只能随分获其少益。第二，专为不信佛法，不喜阅佛书之人阅览。（现在戒杀放生之书出版者甚多，彼有善根者，久已能阅其书，而奉行唯谨。不必需此画集也。）近来戒杀之书虽多，但适于以上二种人之阅览者，则殊为希有。故此画集，不得不编印行世。能使阅者爱慕其画法崭新，研玩不释手，自然能于戒杀放生之事，种植善根也。鄙意如此，未审当否？乞仁等酌之。又白。

演音上
九月十二日

七

（一九三七年九月十九日，厦门）

丰子恺居士：

旧刻佛像二面，印一方，以奉广洽法师。附奉上一包，乞付邮挂号寄去。

演音
丁丑九月十九日

致李圆净

一

（一九三二年八月廿三日，镇海）

圆净居士慧览：

昨奉惠书，诵悉一一。承寄藏经目，甚感。画集装订之事，于前函及致子恺之函内，已详言之。即是：

（一）用日本连史纸印，不用洋纸印。

（二）用美丽之封面画及色彩调和之封面纸。

（三）用美丽之线，结纽钉之。不用旧式书籍穿钉之式。亦不用洋装。

若仅赠送国内之人，即依此法装订印刷。（排印时，无论图画与文字，及附录之长篇白话文，皆不用边。与子恺《漫画集》相同。但所不同者，彼用洋纸，此则用连史纸耳。）若欲赠送日本各处者，则更须添印二三百部，纯用中国旧式之纸料（内容之纸及封面之纸皆然）精工印刷。致装订，仍不妨用色线结组。若如是者，乃合日本人之嗜好。倘用洋纸印刷及洋装等，则彼等视之，殊无意味。此事子恺当深知之。

致于用中国旧式之纸料印利，以用上等旧式之连史纸为宜。如嫌其价昂，可改用上等旧式之毛边纸，或用温州所出之旧式"七刀纸"，皆能合日本人之嗜好。此种纸张，颜色虽不洁白，然亦颇古雅不俗也。总之，若欲投日本人之嗜好，须用中国旧式极雅致之纸料印之。若欲投吾国新学家智识阶级之嗜好，须用日本连史或洋纸印之。拙见如是，未审然否？

画稿俟子恺改正寄来后，朽人当为补题诗句及书写。大约须费一月左右之力。（从画稿寄到后计算）倘无疾病，即可以做到。吾人作事，固应迅捷。然亦不可心忙，过于草率。俟全部题写已毕，再一并寄上，由仁者斟酌募资。吾人为弘法利生，募款印书，固应热心从事，然亦不能过于勉强。倘因缘未能成熟，只可从缓，暂待穆居士处，久未通讯。朽人近年以来，心灰意懒，殊不愿与人交际。即作文写字等事，致此画集完成后，亦即截止。以后作文诗之事，决定停止（因神经衰弱）。致写字之事，唯写小幅简单之佛菩萨名号，或偶写一书签耳。诸乞鉴谅为幸！

演音上

八月廿三日

215

尤居士寄来诗，已收到。惜不甚贴切，今拟重做。

二

（一九三二年八月廿八日，温州）

圆净居士慧照：

顷奉到挂号尊函及明信一，并《藏经》样本一包，敬谢！以前凡得诵尊函及获子恺函后，皆随时作复。但有时来另函复与仁者，仅于复子恺函内，附提及，托彼转达。前得子恺函，谓须写封面二张，随即书写，寄与子恺（大约在八月十六日以前发出）。故未寄与仁者（因仁者之函在后到，仁者函来时，此封面已寄出矣）。此次诸事，所以仁者未能接洽者，或因邮局罢工，信件迟到。或因子恺已返故乡，朽人凡寄与子恺之函致江湾者，彼皆束能披阅，转达仁者。故迟迟耳。尚有二原因：其一为沪温之问，每周仅开轮船二次（或有时仅一次）。凡尊处与朽人来往之信件，或碰巧者，则二三日即到。若迟者，或致七八日，故往返之间须时半月。又朽人在温，不能常常出门。凡有信件，皆托人送致邮局。彼人或即送出，或迟数日送出，或经遗失，朽人则不之知也。因此种种缘故，致令仁者时以悬念，致用歉然！

近日寄与子恺之函，记之于下：八月廿二日，挂号函一件，挂号画稿等一包。（同时寄与仁者一信片，请仁者致江湾索阅彼函）。廿三日，函一件；廿四日，信片一张；廿六日，函一件。皆写新作之诗。关于画集之事，乞仁者披阅上记之函片，即可详悉。朽人重作之诗，除有二首须俟画集新稿于他日寄到时，乃能依画着笔外，其余之诗，皆已作好。现在专俟子恺将改订增加之画稿寄来（连同全部画稿寄来）。朽人即可补作诗二首，并书写全文（大约须一个月竣事）。此次关于画集之事，朽人颇煞费苦心。总期编辑完美，俾无负仁者期望之热诚耳。不具。

演音上

八月廿八日

将来画集出版后，除赠送外，或可酌定微价，在各处寄售流通。因赠送之书断难普及。有时他人愿得者，因已送罄，无处觅求，致为遗憾。

三

（一九三二年九月初四，温州）

圆净居士慧览：

昨奉到尊片，又双挂号寄到稿本册，同时收到。书写对照文字，须俟画稿寄到，乃能书写。因每页须参酌画幅之形式，而定其文字所占之地位。（或大或小，或长或方或扁，页页不同，皆须与画相称。）又每写一页时，须参观全部之绘画及文字之形式，务期前后统一调和。（不能写一页，只照管一页。）故将字与画分两回寄上之事，亦势有所未能。诸乞亮之为幸。

朽意以为此事无须太速，总期假以时日，朽人愿竭其心力为之编纂书写。俾此集可以大体完善，庶不负仁者期望之热忱耳。

《护生痛言》，致为感佩。拟留此详读，俟对照文字写就，于他日一齐挂号奉上。

《调查录》中所载之各团体，大半有名无实。故凡有赠送之书，宜先赠一册。并附一明信片告彼等，如愿多得者，可再函索，并附寄邮费，云云。如此办法，最为合宜也。且就朽人所知者而论，各团体多是若有若无，其能聚集数十人而开念佛会者，其中之人，亦大半不识文字。或有少数之人，曾在私塾读书数年者，文理亦不能通。故各处赠送之书等寄来者，以五彩石印洋纸西方三圣像，为彼等大半所欢迎请求。其次，则为《弥陀经》白文。致于《弥陀经白话解》，亦有少数之人能阅览。致其他诸书，则能阅者殊希。

前月北京万居士之流通处，代人分送《陀罗尼》二种。依《调查录》所载之各机关，各赠送二十册。此种悲心，固甚可钦佩。但恐阅者不多。其寄致庆福寺者，直无处可以转送。即朽人亦不愿披阅，只可束之高阁而已。

再者，凡赠送之书，必分出若干部，以极廉之价，于各处寄售。因分送之书，不久即罄。他日有人愿得者，无处可以觅求，每兴向隅之叹也。

以上两事一为不可多赠，一为须分出若干部寄售。朽人之意，非是阻止法宝流通。实愿法宝不致虚弃，俾不负施者之意耳。实为朽人多年经验，所常常眼见者。拟请仁者编辑《新调查录》时，附以赠送佛书时应注意之事数则刊入。（除上记之二事外，乞仁者与尤居士酌增。）俾他日有人依《调查录》赠送佛书时，可以得良善之办法也。

关于画集印刷排列格式之事，俟后再详陈。仁等对于此事，具有十分之热忱，致用钦佩。《上法场》一画，拟不编入。此次未编入之画稿，虽可希望他年能再出二集。但此事难以预定。且朽人精力衰颓，急欲办道。此次画集竣事之后，即谢绝一切，不能再任嘱托之事。朽意以为未编入之画稿，或可附入他种戒杀书中出版。（如居士林之洋装本，最为合宜。）此事将来有便，再乞仁等酌之。

新作之诗，皆已作就，共十六首。务期将全集之调子，调和整齐。但终未能十分满意耳。不具。

两集出版之后，若直接寄赠与各学校图书馆，似未十分稳妥。应由校中教员转交，乃为适宜也。现在即可托人调查介绍。如浙江两级师范图画手工专修科，及第一师范毕业生，现在某校任艺术教员者。又如上海美术学校及专科师范毕业生，现在某校任艺术教员者，皆可托子恺及吴梦非等设法调查。其南京两江师范图画手工专修科，可托姜敬庐居士调查。俟画集出版之后，每校共赠二册。一赠与此艺术教员，一乞彼转赠与彼校图书馆。朽意以为不仅限于赠送艺术学校。其他之中等以上之学校，皆可赠送。乞酌之。

或恐此画集，须迟致明春乃可出版。则延致明春再调查亦可。因各校教员，致年底或须更动也。

演音上
九月初四

致李圣章

一

（一九二二年四月初六日，温州）

圣章居士慧览：

二十年来，音问疏绝。昨获长简，环诵数四，欢慰何如。任杭教职六年，兼任南京高师顾问者二年，及门数千，遍及江浙。英才蔚出，足以承绍家业者，指不胜屈，私心大慰。弘扬文艺之事，致此已可作一结束。戊午二月，发愿入山剃染，修习佛法，普利含识。以四阅月力料理公私诸事：凡油画、美术、图籍，寄赠北京美术学校（尔欲阅者可往探询之），音乐书赠刘质平，一切杂书零物赠丰子恺（二子皆在上海专科师范，是校为吾门人辈创立）。布置既毕，乃于五月下旬入大慈山（学校夏季考试，提前为之），七月十三日剃发出家，九月在灵隐受戒，始终安顺，未值障缘，诚佛菩萨之慈力加披也。出家既竟，学行未充，不能利物；因发愿掩关办道，暂谢俗缘。（由戊午十二月致庚申六月，住玉泉清涟寺时较多。）庚申七月，致新城贝山（距富阳六十里）居月余，值障缘，乃决意他适。于是流浪于衢、严二州者半载。辛酉正月，返杭居清涟。三月如温州，忽忽年余，诸事安适；倘无意外之阻障，将此札历叙出家前后情况，致为详尽，为研究弘一法师重要史料之一。不它往。当来道业有成，或来北地与家人相聚也。音拙于辩才，说法之事，非其所长，行将以著述之业终其身耳。比年以来，此土佛法昌盛，有一日千里之势。各省相较，当以浙江为第一。附写初学阅览之佛书数种，可向卧佛寺佛经流通处请来，以备阅览。拉杂写复，不尽欲言。

释演音疏答

四月初六日

尔父处亦有复函，归家时可索阅之。

二

（一九二四年三月十一日，衢州）

圣章居士丈室：

　　惠书诵悉，感慰无已！今犹有余资，他日须者，当以奉

222

闻。比移居三藏寺暂住，今后来信，希邮致衢州东乡全旺镇懋泰南货号，转交三藏寺内朽人手收。率复，不尽。

县防疏

三月十一日

三

（一九二四年四月十七日，衢州）

圣章居士慧览：

居衢已来，忽忽半载。温州诸人士屡来函，敦促朽人返彼继续掩室，情谊殷挚，未可固辞。不久即拟肩程，行旅之费，已向莲花寺住持借用三十元。尊处如便，希为代偿，由邮局汇兑此数，以汇券装入函内，双挂号寄交衢州莲花村莲花寺德渊大和尚手收为祷。温州通讯之处为大南门外庆福寺，是旧游之地也。此次赴温，由衢经松阳、青田，较绕道杭沪稍近，约七日可达。率达，不具。

县防疏

四月十七日

四

圣章居士丈室：

昨承来旨，委悉一一。荷施资致返莲华，感谢尤尽。四月初，衢州建普利道场，朽人入城随喜。以居室不洁，感受潮秽之气，因发寒热（非是疟疾），缠绵末已；延致五月初七八日乃愈。又其时并患咳嗽痰滞，迄今已将三月，虽颇轻减，仍未止息，想已转成慢性痼疾。然决无大碍，希为释怀。朽人于四月十九日自衢州起行，廿五日达温。比拟继续掩室，一以从事修养，一以假此谢客养痾。朽人近年已来，神经衰弱致剧，肺胃心脏，并有微恙，故须节其劳瘁，息心静养也。居此费用，周居士仍继续布施（前居温二年亦受其施），情不可却。前承仁者允施者，今可不须；俟他日有别种须用时，再以奉闻。谨致谢意，不尽欲言。

昙畴疏答

六月廿一日

掩室已后，仁者及其他致友数处，仍可通信，唯希仁者勿向他人道及。以此次返温，知之者希，欲免其酬应之劳也。

五

（一九二四年九月廿六日，温州）

圣章居士：

岁在颛顼之虚，九月廿六日，制印以付。

昙昉疏

未审仁者仍在京寓不？故先奉询，希复，即以邮奉。

六

（一九二四年十月廿一日，杭州）

圣章居士：

省书，承悉一一。浙地信佛法者众，此次变乱，故能转危为安，致可庆忭。宿疾当不为患。尔来编校，颇劳心力，为困惫耳。撰述律学四种，明岁刊印讫，当以奉览。印石并呈，此不宜具。

昙昉答白
十月廿一日

七

（一九二四年十一月十二日，温州）

圣章居士慧览：

顷诵三日所发手书，具悉一一。小印前已挂号付邮寄上，如未收到者，希以示知，再为镌刻寄奉也。挂号证已遗失，不能稽查。时事未宁，邮物往往不达。前月汇金致南京请经，金与函悉遗落，未可追究，无如之何也。率复。

昙防答

十一月十二日

八

（一九二四年十一月廿一日，温州）

圣章居士丈室：

爰逮五日来启，用慰驰结，去十七日（阿弥陀佛诞）写佛号四十八页，分付是间道侣，今检一叶，别奉仁者。附赍《印光法师文钞》一部（是为第四次新版，卷首有余题词，附载《印造经像文》亦余所撰述），《了凡四训》四册，希于清暇，披寻其趣，愿珍德还白。不次。

论月疏

十一月廿一日

九

（一九二四年十二月十六日，温州）

圣章居士：

　　省书，所论甚是，斯事未果行。今岁初夏大病已来，血亏之症，较前弥剧（寒暑在五十度以下，即寒不可耐，幸是间气候殊燠）。神经衰弱症，始自弱冠之岁，比年亦复增剧。俟此次撰述事讫（明正可了），即一意念佛，不复为劳心之业矣。承爱念，率复，不次。

　　　　　　　　　　　　　　　昙昉白答

　　　　　　　　　　　　　　　嘉平十六日

　　比年所撰文字十数首，小暇当写以奉览，聊志遗念。尔后将捐弃笔墨，无再浪费精神矣。

十

（一九二五年正月廿五日，温州）

李圣章居士：

　　近将迁徙他所，俟决定后，即以奉闻。今后乞暂勿来

227

函，匆卒不具。

县畤

正月廿五日

十一

（一九二五年正月廿八日，温州）

圣章居士：

昨邮一片，计达慧览。近以迁徙事，预计颇有所须，希仁者斟酌资助为感。来书乞寄温州南门内谢池里周孟由居士收下，转交朽人手收。汇款由邮局为善。填写汇票单时，其第五项[兑付局名（或其支局）]之一项，乞填写"温州南门内铁井栏支局"十字。率以奉陈，殊未宜悉。

县防疏

正月廿八日

十二

（一九二五年二月十五日，温州）

圣章居士：

顷诵惠书，并承施金三十圆，感谢无尽。是中拟以八圆为添换衣被等费，以二十二元为行旅之资及旅中所需也。此数已可敷用，他日万一尚有他种要需，再当奉闻。附近作《往生传》致慧览，率以答白，不具一一。

昙昉疏

二月十五日

十三

（一九二五年三月廿二日，温州）

李圣章居士：

本意他适，庆福寺主谆留往彼附属山中兰若试住。拟于下月二日徙居，如可安隐，则久居彼处，否则仍他适也。今后通函，由庆福寺转交。

昙昉略白

三月廿二日

十四

（一九二五年五月七日，温州）

李圣章居士：

尔有友人约偕往普陀，附挂号寄写稿并书籍一包，希收入。今后居所确定后，再以奉闻。

昙防白

五月七日

十五

（一九二五年十月廿三日，温州）

圣章居士丈室：

五月往普陀，参礼印光法师，六月返温。八月将如钱塘，抵海门，乃知变乱复作，因留滞上虞、绍兴者月余。本月初旬归卧永宁，仍止庆福（城下寮）。居上虞、绍兴时，与同学旧侣晤谈者甚众，为写佛号六百余叶，普结善缘，亦希有之胜行也。老友丏尊曾撰序《子恺漫画集》文，刊入《文学周报》，略记朽人近状，附邮以奉慧览。义佛号数叶，亦并邮呈，此未委具。

昙防疏

十月廿三日

\

十六

（一九二六年十一月，杭州）

圣章居士：

　　夏间寄致温州之函，因辗转邮递，已过时日，故未奉复。自巴黎发来之函，前日披诵，欣悉一一。朽人于今年三月到杭州，六月往江西牯岭，本月初旬乃返杭州。现居跑虎过冬，明年往何处尚未定。仁者于明年到上海时，乞向江湾立达学园丰子恺君处询问朽人之居址致妥。倘朽人其时谢客，亦可在他处约谈。当于明春阳历三月写一信预存丰君处。仁者致彼处，即可索阅也。倘丰君不在校，乞问他职员亦可。以后通信，乞寄杭州延定巷五号马一浮居士转交致妥。天寒手僵，草草书此。

演音

十七

（一九二七年三月廿八日，杭州）

圣章居士：

　　前获来书，具悉一一。朽人现住杭州清波门内四宜亭常寂光寺。如乘火车抵杭州，天尚未黄昏者，乞唤人力车致清波门内四宜亭（车价致多小洋三角）；如抵杭州已黄昏者，乞在旅馆一宿，明日唤车来此。将来到杭州时，以住常寂光寺为宜：一者费用少，二者清洁寂静，可以安眠也。余面谈。

弘一

旧三月廿八日

致丁福保

一

（一九二〇年五月，杭州）

福保居士礼席：

项获手书，并尊刻《佛学初阶》，披帙讽诵，欢喜赞叹。广述因果报应而归结于净土，是为导俗最善之法。又藏中《经律异相》《法苑珠林》《储经要集》三种，皆可择其合于时机者辑集刊行，咕昆法师有《经律异相》节本，惜太略。杭州慧空（经房）刻本。又《南海寄归内法传》（传记部），亦可印单行本流通于世，俾后之学者由是获见西竺之芳规。又《佛说无常经》（后附送亡仪，小乘经"宿"帙），为佛在世时诸大弟子吟讽第一之要典。（吾辈修净土者亦可奉是经为晚课，既可依循佛世芳规，又能警悟无常，坚其求生西方之愿，未可以为小乘而忽之也。世之谤小乘者，宜请其诵《地藏菩萨十轮经》，当可猛省。）征诸律部及《内法传》，历历可据（音曾手抄数则，皆律部中及他籍所载者。尊处若须，当写奉。若刊刻时可以附入。）后附送亡仪，尤精要适用。如斯宝典，流入此土垂千数百年，殆无人道及之者。经文附录共计不逾十页，贤首愿为刊行流通否？音将于下月廿日如新城北山掩关念佛，附以奉闻。渐热，唯清凉自在。

五月初十

释演音

前呈奠仪，为玉泉常住所奉。附白：

吾国惯习，无论若律若禅若教，皆重祖轻佛，不独禅宗为然也。窃谓欲重见正法住世，当自专崇佛说始，贤首以经释经，不为无见，佩甚佩甚！

尊刻《观经》附图。谓为宋朝人所绘，未识何所据而云然耶？

二

（一九二〇年五月十五日，新城）

福保居士箸席：

昨承手书，诵悉一一。尊刻多种，亦一一收存。音居新

234

掩关，持佛名，未遑著述。发足之前，琐事致忙，恐少思之暇。《内法传》《无常经》之序文广告，或可于如新前呈奉。尊刻各籍，或可觅暇与友人共读数种，陈其所见，恐未能整心一志遍读一一也。

《法苑珠林》之节本，未暇手辑。嘉禾范古农居士，深通性相，音所佩仰。贤首如愿乞其辑编，音当为致书将意。承施禅衣之资，致可感谢！但音今无所须，佛制不可贪蓄。谨附寄返，并谢厚意。不宣。

释演音

五月十五日

三

（一九二○年七月初九日，新城）

福保居士禅席：

六月二十日来新城，居楼居士宅。廿七日入贝多山。（又名官山，亦名北山。）山高二千余尺，凉爽如深秋。闻诸居山者云，是问八月致四月皆严寒，积雪盈尺，久小融解。野兽有山牛、山羊，毒蛇、豹，狐之属。掩关之期约在八月。《无常经序》草就呈览。偈赞所云三四二五七八等，范居士谓指三十七道品言。（四念处、四正勤、四如意足、五根、五力、七觉支、八正道。）频伽精舍所印藏经中

《无常经》，"如是应正等觉不出于世"云云，"是"字应改"来"字（依日本弘教本校正）。经后附文，仍依原式低一格写，附文内有"四角燃灯"之句。（宋、元本作灯，丽本作证，应改作"灯"为是。）将来出版后请赠二十册，并乞付邮分寄为感。（上海尚文门外黄家阙路专科师范学校内吴梦非君十册，上海兰路穆公正花行尤惜阴君五册，杭州西湖玉泉寺吴建东君三册，浙江新登县大街袁广生号转交松溪镇袁乾生号，转交官山村楼福喜君，再转交官山顶灵济寺内弘伞禅师二册。弘伞为音护关，代阅信件）相见无日，愿珍重，努力自爱。不宣。

演音

七月初九日

236

致李芳远

一

（一九三七年十二月二十三日，厦门）

芳远童子澄览：

惠教诵悉。致用感谢！朽人已于九月廿七日归厦门。近日厦市虽风声稍紧，但朽人为护法故，不避炮弹，誓与厦市共存亡。古诗云："莫嫌老圃秋容淡，犹有黄花晚节香。"乃斯意也。吾人一生之中，晚节为最要。愿与仁等共勉之！

弘一上

十月二十三日

二

（一九三八年，泉州）

芳远童子慧鉴：

惠片诵悉。往惠安仅住数日，即返泉州。廿一日往厦门。下月初旬即往漳州静养。俟秋凉后乃在漳州讲经。承惠磁物，乞带鼓浪，交清智老和尚转送与朽人最妥。漳州通信处，为南山寺转交。传贯师因须居泉侍奉老父，不能往厦。仁者与彼通信，仍寄泉州承天寺可也。不宣。

演音疏

三

（一九三八年三月十九日，泉州）

芳远童子慧鉴：

古浪丁闲别墅，已有正式请帖寄到。明日严笑棠居士到泉陪接。迟二三日，即偕往厦门。下月初四五日，往福州城内功德林佛化社诸处演讲，但尚未确定。不久仍返泉州。以后通讯，仍寄泉州承天寺。近在承天寺摄影一叶，又在惠安科峰顶摄影一叶，并附奉赠。不宣。

演音自

三月十九日

四

（一九三九年六月十六日，永春）

芳远童子澄览：

惠书，欣悉一一。《忆江南》词等，深有意致。仁者神
经衰弱，未可修治高中繁难诸课程，应专修国学为宜。蜀院
固胜，宜俟时事平静乃可往。现宜暂往沪校肄业。钱居士素
未相识，附奉介绍与马居士简，可通讯也。郁居士诗稿，未
有存者。印稿，俟往泉州后盖之。因是间所存无多也。旧藏
《观音宝相》二巨册（目录附奉览），拟以奉赠仁者，习览
临摹。乞托便人来普济寺，向性常法师领取。拙书小联亦并
奉上。来领时，乞携带大布包袱二件，油纸一张，以备包
裹。致要。朽人衰病益甚。昨日始，晤客三日。后仍谢客习
静。略复，不宣。

音启

六月十六日

五

（一九三九年六月廿一日，永春普济寺）

芳远童子慧览：

曩邮奉明信致太平村，想已收到。尊作篆书，甚佳。开芳居士遗作，诚见道之言也。山中颇凉爽，午后仅致八十六七度，入夜须覆重衾也。谨复，不备。

音启

农历六月廿一日

六

（一九三九年十一月四日，永春）

芳远居士澄览：

昨诵惠书，致用欣慰。近两年来，老病颓唐。于诸友处，罕通音问。《觉音》月刊，未见。承示诗词，以春城、烟雨二句最胜。近将方便掩室，诵经持名，约致明岁夏初，乃可通讯。属撰诗序，亦俟明夏试拟。知劳远念，先此奉闻。不宣。

音启

农历十一月四日

七

（一九三九年，永春）

芳远童子慧鉴：

自明日起，每日送粥二次，希为转知厨房。早晨送来时间，再延迟一点钟一小时送来。因余近来老病日甚，晨起手足无力，精神颓唐，不能早起床，故须再延迟一点钟也。午粥送来时间，仍旧十一点钟，不可迟。病态日甚，仅能食粥或地瓜。若干饭、菜饭、面，皆不能食，不可送来。

音上

八

（一九四一年九月廿九日，泉州）

芳远居士慧鉴：

惠书敬悉一一。自当遵命闭关，力思往非。仁者慧根深厚，举世无匹。深望自此用功，勇猛精进。朽人近来病态日甚，不久当往生极乐。犹如西山落日，殷红绚彩，瞬即西沉。故未圆满之事，深盼仁者继成之。则吾虽凋，复奚憾哉！

弘一和南
国庆前二日

241

九

（一九四一年，泉州）

芳远童子澄览：

　　惠书诵悉，致用欣慰！见来书有唐人诗"两楼望月几回圆"句，知近境大进。音婴年亦喜此诗，今老矣，尚复如是。所恨蹉跎岁月，无所成就，愧见故人耳。仁者春秋正富，而又聪明过人，望自此起，多种善根。精勤修持，当来为人类导师，圆成朽人遗愿，谨稽首祝祷焉！

演音启

十

（一九四二年，晋江福林寺）

芳远童子慧览：

　　前复明信，想已邮奉。兹寄上"红树室"额，并复蒋居士书及横披一叶。前者属撰诗词序，即以此书代序何如？今后将静养，暂未能通信。谨复，不宣。

音启
壬午元旦

漳州顶田下刘绵松居士，英年好学，识见迈俗。仁者可常与之通讯，当获深益。彼之母子，皆依朽人而归信三宝也。附白。

十一

（一九四二年正月十五日，泉州）

芳远居士智览：

惠书，诵悉。诸承关念，并示箴规，感谢无尽！此次朽人致泉城，虽不免名闻利养之嫌，但较三四年前则稍轻减。此次致泉，未演讲，未赴斋会。仅有请便饭者三处，往之。唯以见客、写字为繁忙耳。夫见客、写字，虽是弘扬佛法，但在朽人，则道德学问皆无所成就，殊觉惶惭不安。自今以后，拟退而修德，谢绝诸务。以后于尊处，亦未能通信。倘有惠函，亦不披阅。诸乞原谅，为祷。前为严居士写就一纸，并奉上。仁者属写各体书，朽人出家以后即有未能，乞谅之。仁者属盖印事，此册前存性常法师处。将来托便人嘱彼寄还，因朽人前已盖奉，不须再盖，且佳印无多，不足观也。朽人现在结束一切诸事，未能应命，乞愍其老朽而曲谅之。以后，倘有他人询问朽人近状者，乞以"闭门思过，念佛待死"八字答之可耳。谨复，不宣。

音启

壬午元宵日

此次致泉州，朽人自己未受一文钱。他人有供养钱财者，皆转赠寺中或买纸用。往返之旅费，由传贯师任之。附白。

致丏因居士

（一九二四年二月二日，衢州）

丏因居士：

　　前奉手书，具悉一一。孙居士精进修习，欢赞无量。承寄《十要》等五册，今日已受收，晤时乞为致意。别邮《崔母传赞录》一册，敬赠仁者。仅存此一册，未能遍赠道俗为憾。常惺法师之文甚精，乞详览。

昙昉疏

二月二日

　　朽人于夏秋之际，或往他方。《华严疏钞》乞暂存尊斋，勿即寄还。俟将来住所安定后，再以奉闻。

二

（一九二四年八月廿五日，温州）

丏因居士丈室：

顷诵惠书，欣悉一一。拙述《四分律比丘戒相表记》，今已石印流布。是书都百余大页，费五年之力编辑，并自书写细楷。是属出家比丘之戒律，在家人不宜阅览。但亦拟赠仁者及李居士各一册，以志纪念。开卷之时，不须研味其文义，唯赏玩其书法，则无过矣。又拙书《地藏菩萨本愿经见闻利益品》，书法较《回向品》为逊，今亦付石印以结善缘。尊宗禹泽居士，未审今居杭何处？希示知。拟以《四分律表记》二册及《华严疏钞》四册，送存彼处，俾便他日面奉仁者。（《表记》册太大，不便邮寄。若《地藏经》早日印就，亦并交去，否则他日另寄。）尊印《回向品》共若干册，并乞示知。《四分律表记》共印千册。（由穆居士以七百金左右独力印成。）以五百册存上海功德林佛经流通处，以三百二十册存天津佛经流通处，皆系赠送。如有僧众愿研求比丘律者，若居士等愿将此以为纪念者，皆可托人向上海功德林就近领取。《地藏经》共印多少，如何分法，今尚未悉。朽人不久将往他方，今移居杭州城内银洞巷六号虎跑下院暂住，料理未了诸事。惠复乞寄上海江湾镇立达学园丰子恺居士转交，恐朽人不久或去杭也。承询所需，俟后有需，当以奉闻。敬谢厚意。此未宣具。

胜臂疏答

八月廿五日

三

（一九二四年十二月初三日，温州）

丏因居士丈室：

顷诵书，并承惠施毫笔四管，谢谢。《华严经疏科文》十卷，未有刻本。日本《续藏经》第八套第一册、二册，有此科文。他日希仁者致戒珠寺检阅。疏、钞、科三者如鼎足，不可阙一。杨居士刻经疏，每不刻科文，厌其繁琐，盖未尝详细研审也。（钞中虽略举科目，然或存或略，意谓读疏者必对阅科文，故不一一具出也。）今屏去科文而读疏钞，必致茫无头绪。北京徐居士刻经，悉依杨居士之成规，亦不刻科。所刻《南山律宗》三大部，为近百册之巨著，亦悉删其科文，朽人尝致书苦劝，彼竟固执旧见未肯变易，可痛慨也。

昙防白

十二月初三日

四

（一九二六年三月廿二日，杭州）

丐因居士：

初六日来杭，寓招贤寺。数日以来，与诸师友有时晤谈。自廿五日（立夏日）始，方便掩室，不见宾客。疏钞二十九册，印一方，乞收入。开示录三册，乞仁者受一册，其二转贻孙、李二居士。疏钞已阅竟者，便中托妥实之友人（由绍来杭之人甚多，故可不须付邮。）带到杭州，送呈招贤寺（里西湖新新旅馆旁）住持弘伞法师（或弘伞法师出外者，乞交副寺师代收，须掣取收条乃妥。）转交朽人。《往生论注》尚未由温州转到。谨达，不具一一。孙居士乞代致意，附一笺乞交李居士。

昙昉疏
三月廿二日

五

（一九二六年五月十九日，杭州）

丐因居士丈室：

书悉。近与伞法师发愿重厘会修补校点《华严疏钞》。（今之《会本》，为明嘉靖时妙明法师所会。彼时清凉排定

248

之科文久佚，妙师臆为分配，故有未当处。妙师《会本》，后有人删节，甚致上下文义不相衔接。《龙藏》仍其误。今流通本又仍《龙藏》之误。已上据徐蔚如考订之说。）伞法师愿任外护并排版流布之事。（伞法师谓排版为定，可留纸版，传之永久。）朽人一身任厘会修补校点诸务。期以二十年卒业。先科文十卷，次悬谈，次疏钞正文。朽人老矣，当来恐须乞仁者赓续其业，乃可完成也。此事须于秋暮自庐山返后，再与伞师详酌。若决定编印，尚须约仁者来杭面谈一切。前存尊斋疏钞等，乞暂勿送返。是间有《续藏》可阅。伞师又将觅木版流通本以为编写之稿本。（改正科会及增补原文之处，皆剪贴，即以此本排印，不须另写。）近常与湛翁晤谈。彼诗兴甚佳。他日来杭，可往访也。

论月

疏五月十九日

六

（一九二六年七月三十日，庐山）

丐因居士丈室：

别久为念。留滞匡山，忽忽二月。溽暑之候，有如深秋，诚清凉之胜境也。尔来颇思读《华严大疏》。仁者若已诵讫者，希以邮下。（寄九江牯岭大林寺转交弘一。）仁者精进何如？孙居士学《起信论》，能得途境不？时以为念。不具一一。

月臂疏

七月晦日

七

（一九二六年十二月六日，杭州）

丐因居士：

书悉。《华严疏钞》唯有仁者能读诵，故以奉赠。来书谦抑太甚，未可也。《疏钞》第十《回向章》及《十地品》初地前半共一册，乞寄下。《疏钞》中近须检阅者凡五册：一，《净行品》一册，《二十行品》二册，《三十回向品初回向章》一册，《四十回向章》一册，此五册迟数月后再邮奉尊斋。以外诸册，不久悉可寄上。《悬谈》在杭州，《疏钞》存上海，不久可以寄来。明后二年，谢客养静，未能通问。《回向初章》印就时，乞惠寄朽人五册，仍交丁居士家。并乞寄天津东南城角清修院清池大和尚三册，致为感谢！（《回向》初章中听字写从壬，大误。后匆匆不及改写。切字从十者，依唐人《一切经音义》之说，以十表无尽也。）

月臂

十二月六日

八

（一九二六年十二月十一日，杭州）

丏因居士丈室：

曩乞李居士奉上一书，想达慧览：（仁者礼诵《华严》，于明年二月十五日，即释迦牟尼佛涅槃日始课，最为适宜。此前有暇，可以检查文字之音读。自是日始课者，绍隆佛种，担荷大法义也。仁者勉旃。）兹邮奉《礼诵日课》一页，并《悬谈》八册，希受收。《日课》中说明甚简略，兹补记如下：

礼敬之前，应先于佛前焚名香供养，能供花尤善。偈赞所书者，为举其一例。所诵之偈赞，可以随时变易，以己意选择。《华严经》中偈文，悉可用也。诵《华严经》，用疏钞本诵亦可。若欲别请觅正本，以杭州昭庆慧空经房之本最善。（句读稍有舛误，但讹字甚少。毛太纸本价四元八角，新连史本七元八角。若大字折本，即俗称梵本者，价十八元。此本核对尤精。）三归依亦应延声唱诵。依此课程行持，约须一小时三十分。初行之时，未能熟悉者，致多亦不逾二小时。每日读《华严》一卷之外，并可以己意别选数品，深契己机者，作为常课。常常读诵。（或日日诵，或分数日诵。）朽人读《华严》日课一卷以外，又奉《行愿品别行》一卷为日课，依此发愿。又别写录《净行品》《十行品》《十回向品》（初回向及第十回向章）作为常课。每

251

三四日或四五日轮诵一遍。附记其法，以备参考。尊处或无适宜之佛像，今附邮奉日本名画《华严图》三页，又古画《阿弥图像》三页，以各一页奉与仁者供养。如李、孙二居士亦发心供养者，乞以其余转施与二居士，唯举置而不供养，则有所未可耳。

月臂疏

十二月十一日

九

（一九二七年除夕，温州）

丏因居士：

惠书并《虢钞》一册，前日收到。晤谈拟俟五十来绍之时，今未能破例也。一浮居士当代陈说。仁者往访时，于名刺上自写弘一介绍数字可耳。《疏钞》近二十册。（内有数册俟后续寄）又他种佛书二十余册，于正月初十日前送存友人处，以待仁者托人来领。

（其寄存之处俟后奉达，今犹未决定也。）

月臂疏

除夕

十

（一九二八年正月十四日，温州）

丏因居士丈室：

两书诵悉。《悬谈》八册，昨夕亦赍致。今邮奉《疏钞》十一册，又《往生论注》一册，亦并假与仁者研寻。杨仁山居士谓修净业者须穷研三经一论，论即《往生论》也。鸾法师注致为精妙。杨居士谓支那莲宗著述，以是为巨擘矣。附奉上《行愿品》一册，敬赠与仁者读诵，并希检受。《华严悬谈》，文字古拙，颇有未易了解处，宜参阅宋鲜演《华严谈玄供择》，（共六卷，初卷佚失，今存五卷，收入《续藏经》中。）及元普瑞《华严悬谈会玄记》。（四十卷，常州刻经处刊行，共十册。）反复研味，乃能明了。仁者若欲穷研《华严》，于清凉疏钞外，复应读唐智俨《搜玄记》（共五卷，每卷分本末，第四卷之中已佚失，此残本，今收入《续藏经》中。）及贤首《探玄记》。（二十卷，金陵刻经处刊行，共三十册。）清凉疏钞多

宗贤首遗轨，贤首复承智俨之学脉，师资绵续，先后一揆。三师撰述，并传世间，各有所长，宁可偏废。乃或故为轩轾，谓其青出于蓝，寻绎斯言，盖非通论。前贤创作者难，后贤依据成章，发挥光大，亦唯是缵其遗绪耳，岂果有逾于前贤者耶。致若慧苑《刊定记》。（共十五卷，第六第七佚失，此残本今收入《续藏经》中。）反戾师承，别辟径

路，贤宗诸德并致攻难，然亦未妨虚怀玩索，异义互陈，并资显发，岂必深恶而痛绝耶。春寒甚厉，手僵墨凝，言岂尽意。

昙昉疏答

正月十四日

今后邮寄书籍，乞包以坚固之纸数层，外以坚固之麻绳束缚稳牢。因绍致温，须数易舟车，包纸易致破碎，麻绳亦易磨断。附白。

十一

[一九二八年闰（二）月二十一，温州]

丐因居士丈室：

昔奉惠书，欣悉一一。今乞孙居士赍拙书石印本数种。希受。尔将移居大罗山。明岁若往嘉、杭，当与仁者晤谈。不具一一。

演音疏

闰月二十一日

十二

（一九二九年三月二十三日，厦门）

丏因居士丈室：

萧邮明信，想达慧览。行期延缓，或须迟致明春耳。写经珂罗本大罗山在温州，别名泉山。山有宝严寺，为庆福寺下院。印就，仍希邮致温州。前年曾奉上贤首国师墨迹影本，近检《续藏经》，亦载此文，后更附数行。委书赍往疏记等名目。仁者有暇，宜致嘉兴佛学会中检寻之。（《续藏经》第一辑第二编第八套第五册第四百二十二页。）附奉上拙书菩萨名号一页。此未宣悉。

善摄疏
二月二十三日

十三

（一九二九年旧八月廿九日，上虞白马湖）

丏因居士：

前夕来白马湖，秋暮或游他方。旧藏华严部等章疏甚多，仁者若有清暇研玩，当以寄存尊斋，聊供慧览。便中裁复不宣。

演音疏

旧八月廿九日

《护生画集》再版，已南开明书店印行，较为精美。前仅寄到四册，在温即分罄。此书由他人主持发行，未便再索。仁者如欲一阅，便中向开明一觅之。附白。

十四

（一九二九年九月七日，温州）

丏因居士慧鉴：

惠书，具悉。寄存之书，共十三包。其中大部之书，有晋唐译《华严经贤首探玄记》（此书极精要）。大本《起信论疏解汇集》等。（有木夹板二副，晋译《华严》用。）是等诸书，朽人他日倘有用时，当斟酌取返数种。若命终者，即以此书尽赠与仁者，以志遗念。此外有奉赠结缘之书及零纸等五包。（每包上有纸签写赠送二字）乞随意自受，并以转施他人，共装入两大网篮。（约重七八十斤）拟托春晖中学杨君（数年前在绍兴同游若耶溪者）暂为收贮。将来觅便，赍奉仁者。未审可否？乞裁酌之。若可行者，希即致函杨君来此领取。朽人十日后即往闽中。衰老日甚，相见无期。唯望仁者自今以后，渐脱尘劳，专心向道。解行双融，深入玄门。别奉上尊书简数纸，以赠铭绍诸子。（附包入零纸中）此未宣悉。

演音

疏九月七日

十五

（一九三〇年十月初八，镇海伏龙寺）

丏因居士慧鉴：

昨惠书，并《华严疏钞》，欢慰无尽。是书为亡友嘉兴陆无病医士旧藏者。士精通义解，勤修净业，命终之时，正念现前，念佛而逝。前年嗣子以是惠施于余。卷头标写品名卷数，是其遗墨，弥可珍贵。谨复，并致谢意。

演音疏

十月初八

十六

（一九三一年，慈溪）

丐因居士慧鉴：

惠书并《灵峰年谱》，悉收到。尊翁墓碣愿为书写，希示其文句并尺寸。以后惠书，乞直寄慈溪鸣鹤场五磊寺弘一牧。五磊住持者，承观宗杀寺谛公法派，道风甚隆。同居者九人，而过午不食者有四人，悉修净业。并达，不宣。

音疏答

十七

（一九三一年旧四月八日，上虞法界寺）

丐因居士慧览：

前复书，计已先达，顷诵二十一日尊函，厚意诚挚，感谢无已。往禾之缘未熟，宜俟当来。重劳慈念，深用歉然耳。尔来目力大衰。近书《华严集联》，体兼行楷，未能工整。昔为仁者所书《华严初回向章》，应是此生最精工之作，其后无能为矣。小迟有书物一篮，奉诸仁者，拟乞杨居士便中赍往（迟迟无妨）。希仁者先为陈述其意。谨复，不具。为亡蜂念佛，最善。今之僧众礼忏者，未能如法，若念，则得实益矣。

音疏答
旧四月八日

十八

（一九三一年九月十六日，慈溪金仙寺）

丏因居士慧览：

惠书，承悉一一。厚意殷勤，感愧无已。闽中之行，为是夙约，未可中止。当来返浙，必来秀水小住，或久居以答仁者属望之切也。不宣。

演音疏
九月十六日

附奉拙书一束，希仁者自受并以转施他人。（数日后乃付邮）又白。

十九

（一九三一年十月十二日，慈溪五磊寺）

丏因居士：

近有韩老居士属书石佛寺联，拟请仁者代笔。一下款写亡言，一下款写论月。兹将原信并纸奉上。写就乞即交韩老居士为感。五磊寺主等发起南山律学院。余已允任课三年。（每年七个月，旧历二月十五日致九月十五日，余时他往。）明春始业。经费等皆已就绪。自今以后预备功课，甚为忙碌。半月之后（新历二十五左右动身），即往温州过冬。住址未定，俟后奉闻。李居士处，亦乞代告此意。谨达，不宣。

音启

十月十二日

二十

（一九三二年，镇海伏龙寺）

丏因居士智鉴：

惠书，诵悉。致用欢慰。朽人近年已来，两游闽南各地，并吾浙甬，绍、温诸邑，法缘甚盛，堪慰慈念。唯以居处无定，故久未致书问讯耳。去岁夏间，曾立遗嘱，愿于当来命终之后，所有书籍，悉以奉赠于仁者。（若他人有欲得一二种以为纪念者，再向仁处领取。）是遗嘱当来由夏居士等受收耳。数日后，即返法界寺。秋凉仍往闽南。以后惠书，希寄绍兴转百官（若交民局寄者，乞将百官二字改为驿亭站；若交邮局寄者，宜用百官二字。）横塘庙镇寿春堂药店转交法界寺弘一收。附邮奉拙书一束，内有五言联及佛力小额，奉赠仁者，此外乞随意转施。谨复，不宣。

演音疏

正月十一日

前存仁处《贤首国师墨迹》一册，近欲请回供养，乞附邮寄下为感。又《圆觉大疏》一部，前在闽时，以数月之力圈点，并节录钞文，乞仁者检出，觅暇阅之，当法喜充满也。附白。

二十一

（一九三二年旧四月六日，上虞法界寺）

丏因居士慧鉴：

惠书诵悉，感谢无尽！传言失实，非劫持也。今居法界尚安。

近岁疾病，精神大衰，畏寒尤甚。秋凉仍往闽南耳。尔来法缘殊胜。上海佛学书局发愿印拙书佛经及屏联近二十种广为流通。《华严集联》已将写就，由刘居士影印。近又发心编辑南山律三大部纲要表记，约六七载乃可圆满。顺达，不宣。

音疏

旧四月六日

二十二

（一九三三年三月一日，厦门）

丏因居士慧览：

惠书诵悉，厚意殷勤，感谢无尽！拙辑《地藏菩萨圣德大观》，不久由上海奉仁者与李居士，共一包，希转分赠为祷。音在此讲比丘律学，法缘甚胜。数日后仍续讲，或即在南闽过夏也。学校用教授法书，乞择其简要易解者惠施一部，以备研习教授方法，为讲律之用也。卢居士藏东西洋版佛像书甚多，有日本人编《莲座》一部，共三册，专述佛菩萨像之莲座种种形式，甚为美妙。仁等未能来此观览，致为憾事耳。不宣。

演音疏

三月一日

二十三

（一九三三年，泉州）

丐因居士丈室：

惠书，欣悉一一。讲律尚须继续，今岁未能北上也。（杨少浑、伍敏行、夏龙文、徐啸涛诸居士皆乞代为致候。）便中乞托人向上海棋盘街艺学社，或他处购彩画用铅瓶装朱红颜料两打。（计二十四瓶。原名vernilion，德国schaenfeld公司制，或他处亦可，以价廉者为宜。颜料系朱红色，与他种红有别也。若托能绘水彩画者购之尤妥。）此物分赠与学律诸师圈点律书，及余自用。乞以惠施。俟购妥后，付邮寄下（依包裹例）为感！

演音疏

二十四

（一九三三年，泉州）

丐因居士丈室：

惠书诵悉，承慈念，甚感！讲律未竟，不能返浙。又南闽冬暖夏凉，颇适老病之躯也。朱红迟到无妨，非急需也。年假时，仁者若归秀州，乞检《大智度论》全部付邮寄下致感。谨复，不宣。

演音疏

二十五

（一九三四年九月十九日，厦门）

丏因居士清鉴：

惠书诵悉。居南闽二载，无有大病。其地寒暑调和，老体颇适宜耳（暑时不逾四十度）。今岁稻麦丰稔，商业依然凋零也。曾晤杨居士，为题其寓名曰："寒拾草堂"，因彼喜读寒山拾得诗也。谨复，不宣。

演音疏
九月十九日

二十六

（一九三六年四月廿三日，厦门）

丏因居士遭席：

惠书诵悉。《佛学丛刊》将来共出几辑？似未可预定。若无有销路，主事者厌倦，即出二辑为止。否则可以续出。每辑之形式不同，未可分类标写部名。（如经论等。此事前曾再四踌躇，以不标为妥，恐以后发生困难。）如第一辑所选者，以短，易解，切要，有兴味，有销路为标准，但如此类之佛书实不可多得。故第二辑以下须另编辑。且拟每辑变换面目，以引起读者之兴味也。第二辑拟专收音所辑编者三十种。（或旧编者如《寒笳集》等，此外新编，由一人负责。）第三辑拟专收佛教艺术。（旧辑《华严集联》可编入。余可以编辑数种，此外由同人分任。共三十种。）所预定者大致如是。第一辑所收者经论杂集之部类略备。第二辑多为警策身心克除夕气之作。第三辑为佛教艺术。以后若续出者，每次变换面目。每两年出一辑。或全辑总售，或又零册分售。前定名曰《佛学丛书》，似范围太广大。今拟酌定曰《佛籍（典）小丛刊（刻）》，未知可否？乞裁酌之。定名之后，乞以示知，再书写签条及序言奉上也。近自扶桑国请到佛像书数十册。（及古版佛书近千册，多为希有之珍本。）略为研求，乃知是为专门之学，未可率尔选择评论。第一辑、第二辑拟不用佛像，将来倘第三辑《佛教艺术》出版，可以多列诸像，附以说明也。裴相《发菩提心文序》第十五行非"速行"也，应作"迷行"也。末页第七行普愿大众以下应提行另起。又第十三行启发以下之文宜与上行连续，不可提行。年谱在世之时不可发表。幼年诸事，拟与高文显君言之。（厦门大学心理系学生，与广洽师致契。）去岁仲冬大病，内外症并发，为生平所未经历。（卧床近两月，俗谓九死一生。）内症致季冬已愈，外症延致本月乃痊。此次大病，自己甚得利益。稍暇拟记写之。以后惠书，乞写厦门南普陀寺养正院广洽法师转交弘一。不久拟移居古浪屿，但信件仍由广洽法师转送来。其寻常信件，由彼代复，或退还也。谨复，不宣。法华卷已收到，感谢！

演音疏

四月廿三日

二十七

（一九三七年六月五日，青岛）

丏因居士道鉴：

惠书诵悉。承施信笺、羊毫，已收到。敬谢！丛刊续辑，拟俟秋凉返厦门时编定，因是间无书籍可检寻也。拙联幅等，约于旬日后递奉。其中有上款者数种，其余乞仁者与沈知方居士分受，转赠善友可耳。旬日后邮奉联幅等时，附讲稿二种（《青年佛徒应注意的四项》及《南闽十年之梦影》），皆在养正院所讲者（去年正月及今年二月）。养正院创办于三年前，朽人所发起者教育青年僧众。今夏或将与他院合并。养正之名，难可复存。此二讲稿可为养正院纪念之作品，为朽人居闽南十年纪念之作也。唯笔记未甚完美，拟请仁者暇时为之润色。（多多删改无妨，因所记录者亦不尽与演词同也。）并改正其讹字、文法及标点。题目亦乞再为斟酌。（"青年佛徒"等）更乞仁者为立一总名。即以此二篇讲稿合为一部书。虽非深文奥义，为大雅所不取，或亦可令青年学子浏览，不无微益也。此讲稿拟别刊行。世界书局或欲受刊者，广洽法师处存有数十元，愿以附印也。又拟请仁者撰序及题签，以为居南闽十年之纪念耳。谨陈，不宣。

演音

疏六月五日

二十八

（一九三七年七月廿一日，青岛）

丐因居士道席：

惠书诵悉。青岛或可无战事，唯商民甚困苦耳。朽人此次居湛山，前已约定致中秋节止。（中秋已前不能食言他往，人将讥为畏葸。）节后如有轮船往沪者甚善，否则须乘火车致浦口，转沪杭。若有战事，火车不通，唯有仍居青岛耳。承询所需，致用感谢。俟他日若有需用者，当以奉闻。谨复，不备。

演音

启七月廿一日

二十九

（一九三七年，厦门）

丏因居士丈室：

　　书悉。读《净土十要》竟，专研《华严疏钞》甚善。彭二林《华严念佛三昧论》，应先熟读。论仅十数纸，诠义甚精。（金陵版一册价六分。）并赍影印《八大人觉经》一折，希受收。此未具宣。

昙防疏

冬致朝

三十

（一九三八年正月十九日，泉州草庵）

丏因居士慧鉴：

　　惠书诵悉。尔来身心疲劳，拟于明日始，在此掩室数月静养。属题塔经，俟后兴致佳时写奉。近有讲稿一篇，拟列于前二篇后，共三篇，题曰《养正院亲闻记》。能于旧历已卯明年付印为宜。明年朽人世寿六十，诸友人共印此书，亦可借为纪念也。前寄上之印资数十元，为养正院师生等所施者，亦乞加入，并将姓名载于卷末。又奉化丁居士亦愿施资，附写介绍笺一纸，将来由仁者致函通知可也。印刷之格式，如去秋晤面时所谈。

养正院师生等施资者姓名。（此人名务乞列入卷末，因经手募资人可有交代也。）佛教养正院前教导释广洽、高胜进，学僧释盛求、瑞伽、贤范、贤悟、传深、传扬、广根、道香、妙廉、妙皆、广慎、善琛、传声、心镜、瑞耀、如意、静渊、离尘、智静、广余，及护法王正邦、陈宗泮、施乌格、曾珠娟。共助印资口十元。

（此数目已忘记，乞填入。）以后通信，乞交与夏丐尊居士便中附寄。因掩关期内，仅收夏居士之信札也。

演音启

正月十九日

三十一

（一九三八年旧二月十一日，泉州）

丐因居士道席：

惠书诵悉。题字附奉，乞收。承寄下丛刊五部，致感。下月初旬尚须往惠安县讲经。惠书，仍寄泉州承天寺转交。不宣。

演音启

旧二月十一日

在承天寺讲《行愿品》，致昨日圆满，听众甚多，党部青年乃致基督教徒皆甚欢赞。自明日始，在各处演讲五日。后在开元寺讲《心经》三日。又数日后在善堂讲《华严大意》三日。附白。

三十二

（一九三八年闰七月廿八日，漳州）

丏因居士慧览：

承施地藏菩萨经像，昨夕已收到，感谢无尽。后日适值菩萨圣诞，先三日寄到，因缘巧合，诚为漳城佛法复兴之象也。近已请本乡保长讲此经，听者甚众。仁者法施功德，曷有极耶。谨复，并谢，不宣。

演音启

闰七月廿八日

三十三

（一九三八年，漳州）

丏因居士文席：

是间近无变化，稍迟或往乡间，届时再以奉闻也。兹有恳者，今夏朽人曾以所藏《行愿品》梵文写本，托佛学书局影印流布。于沪变前，由广洽法师先后汇上二百元为附印之资（托高观如转交）。朽人在青岛时，曾得高居士（已返北平）书，谓不久即可出版云云。迄今尚无消息，颇为悬念。一月余前，致函（挂号寄去）佛学书局（局址在愚园路一五四号胶州路附近）沈彬翰居士询问此事，谓前汇款二百元可以留存书局，唯此书原稿甚为珍贵，请其寄还。致今已一月余，无有复音。乞仁者为致电话，询沈居士。倘书局已歇业，原稿遗失，则可作罢论。倘原稿仍在者，乞彼送致仁者处，乞仁者暂为收藏（勿寄厦门），费神致感！

演音启

致真如居士

一

（一九二一年十一月初六，温州）

真如居士丈室：

书悉。赞词别写奉慧览。曩既谆请湛翁润色，若置而不用，于义有所未可。又原作固佳，改本尤精善也，故依改本书写。朽人于华严，唯略习《清凉疏钞》，未尝卒业。尊说希就正湛翁何如？唐宋诸师皆先习论后习经（又受具足戒后必穷研小乘律），卓见极是。或习《俱舍》《唯识》《十二门》《起信》亦可。又杨仁山居士所定先习起信、唯识、楞严之法，亦甚允当。近时学者多宗此法。但已上诸法，唯上根乃可用之。若中人之质，须先穷研《起信》一部（此亦杨居士说）。其次者唯习《佛教初学课本》等可耳。朽人现居庆福，掩关念佛。仁者获此书后，乞勿复。天寒手僵，殊未宣悉。

昙防疏答

十一月初六

二

（一九二二年正月廿一日，温州）

真如居士丈室：

比承来旨，欣悉一一。普陀光法师为当代第一善知识，专修净土之说，允宜信受奉行，万勿游疑。普陀光法师文钞，扬州有新刻本，较前增百十数首。近商务又重编排印，又增七十余首，希觅求悉心读之。《净土十要》《彻悟禅师语录》（与《梵室偶谈》台本，《偶谈》亦乞研寻）、《秘藏指南》等，亦宜详阅。附奉旧写佛号一叶，率以裁复，无复委悉。

昙防疏

正月廿一日

致申甫居士

（一九二三年，温州）

申甫居士惠鉴：

　　尊邑救国会，前寄捐册一本，已存在伏龙寺书架中。今彼会来函谓急欲结束。此捐册一时不能取回。乞仁者担保，即作为遗失。俟将来往伏龙寺时，即将此空捐册焚化可也。又于彼会，拟以捐大洋一元，聊表微意。此款亦乞仁者代出惠施，即交彼会为感！谨恳，不宣。

弘一启

二

申甫居士慧鉴：

前奉一片，计达记室。朽人拟于秋间返温州，唯舟车之资犹未筹措，未审仁者能有资助否？惠函乞寄杭州城内延定巷六号马一浮居士转交朽人，致妥。此颂檀福！

胜髻疏

五月廿日

三

申甫居士：

惠书，欣悉一一。小碑拟俟明年春暖时动笔，先勿寄下，俟明春居住处定后再以奉闻也。拙辑书《华严经集联》，已由开明书店出版。倘仁者未获披阅，乞致函丐尊居士，即可寄奉也。谨复，不宣。

音启

275

四

申甫居士：

　　曩承惠桂圆，新春返法界寺，乃获收领，深感深感！曾复明信致尊寓，想已达到。胡子宅梵品学兼优，余所佩仰。今欲在乡办慈善事，余亦为赞成人。乞仁者向邑绅为之介绍，请其辅助，俾期有成，致用感荷！顺颂檀德。

演音疏

致性公老法师

一

（一九二九年七月八日，温州）

性公老法师慈座：

　　前寄厦门一包，又信两封，未承惠复。想是法驾尚在泉州，未经收到也。末学即拟下山，云游各地。乞以后暂勿通信。前托友人为法座刻印，印稿附奉览。若冬初之时，末学能往闽者，即亲自带上。倘未能来者，即付邮局寄奉也。谨达。顺请法安！

末学演音稽首

七月八日

二

（一九二九年七月十四日，杭州）

性公老法师慈座：

数日前寄上一函，想达慈览。昨午披诵惠书，敬悉一一。诸承费神，感谢无尽！末学拟于八月云游诸方后，往温州小住，即由温州动身往厦（不经过上海），大约在旧历十月前后之时矣。俟到温州时，再奉函以闻。筑室之事，实不敢当。因末学近来既畏寒又畏暑。夏季或返温州，亦未可知也。谨复，顺请禅安！

末学演音稽首

七月十四日

三

（一九二九年九月廿四日，温州）

性公老法师慈座：

敬启者，末学于昨午已到温州，不久即可往闽。拟先到南普陀暂住（因不知路途），然后再往山边岩。所有书籍，因携带不便，拟先交邮局寄闽。但未知山边岩及南普陀近来仍一切如常否？若寄书籍致南普陀，是否交广洽法师代收？乞费神示知。俟尊函到后，再觅船便动身（每月仅开二次，故须久候之）。广洽法师诸处，亦乞便中代为致意，致用感谢。惠复乞寄"温州大南门外庆福寺弘一收"，致感。顺颂法安！

末学演音稽首
九月廿四日

四

（一九三〇年十一月廿六日，金仙寺）

性公老法师慈鉴：

顷诵惠书，欣悉一一。所云八月寄致法界寺之函，未经披诵（明春夏间拟返法界寺，其时当可披诵尊函），因中秋后，末学已外出云游矣。在金仙寺听经月余，近已圆满，拟于明日往温州度岁。承示法座驻锡云顶，致用欢忭。明岁当来夏亲近座下，以慰渴念。冯、蔡二居士属书之件，俟致温州后书写，付邮挂号寄奉。谨复，顺颂慈安！

末学演音稽首
十一月廿六日

觉斌诸法师前，均乞代为问安！以后惠书，乞寄"温州大南门外庆福寺"为感。

279

五

（一九三〇年十二月十三日，温州）

性公老法师慈座：

惠书，敬悉一一。法会隆盛，致用欢慰。徐居士寓"天津英界十七号路宝华里一号"。上海夏居士处，附写一笺附上，并乞再将详细情形（去信日期，彼处来信之日期，及信之要义）。另写一纸一并挂号寄去。寄致"上海百老汇路开明书店编译所夏丏尊居士收"致妥。宿疾渐愈。承慈念，深感。顺颂法安！

后学演音稽首
旧十二月十三日

以后惠书，乞寄"宁波镇海北乡龙山西门外周大有号转伏龙寺弘一收"。

六

（一九三一年八月，金仙寺）

性公老法师慈鉴：

前月承惠寄致法界寺一函，数日前乃转到。近又获诵七月廿一日所发之尊简，敬悉一一。法体近想已大愈。后学数月以来，时有小疾。倘将来身体康健，当趋侍座下，以聆教益也。寺中诸师、诸居士等，均乞代为致候。

五月移居时，曾奉上一明信片，奉告地址。想金鸡亭遗失矣。拙辑并书写《华严集联三百》（共有百页上下），已由开明书店印刷（样本二张附奉呈）。后学大约可得百册。俟出版时，敬以十数册呈奉慈座，以便转赠缁素诸道侣。上海佛学书局，近印拙书对联、又经数种（一个月后可印出五种）。因赠与后学者仅一二份或数份，不能广赠道侣。乞谅之。顺叩法安！

后学演音稽首
八月初二日

若有欲得者，于一个月后，向佛学书局请购。

七

（一九三一年九月初八，杭州）

性公老法师慈鉴：

惠书，敬悉一一。戒牒字草草写奉。《同戒录》题字，准于十月内奉上。后学近来屡屡伤风，身体衰弱，即拟往温州过冬（住处尚未定，俟后奉达），恐未能往闽南矣。谨复，顺颂法安！

后学音稽首
九月初八

八

（一九三一年，慈溪金仙寺）

性公老法师：

前复函及写件，想已早达丈室。近又由宁波刘居士转寄上《华严集联》十册，计已收到。音今岁疾病频作，致今仍未复元。拟即在金仙寺过冬，俟明年觅得伴侣，再当偕来闽南，亲近法座也。秋间有僧众发起律学院，欲令音任教务。音自顾殊难胜任，而彼等亦意见不定，未能一致，故已决定停办矣。以后惠书，乞暂寄宁波慈溪鸣鹤场金仙寺转交为妥。谨达，顺颂法安！

后学音和南
十月廿一日

附奉上致南普陀广洽大师一笺，乞于便中加封寄去为感。

九

（一九三二年旧四月三十日，镇海）

性公老法师慈鉴：

近日屡拟上书奉候，今晨得接诵手谕两通，致用欢慰。《同戒录》亦收到。法会隆盛，甚深赞喜。兹答陈各事如下：

△《圆觉经》签条跋语，数日后写好（挂号）径寄致南京。

△傅、蒋二居士联件，紫云寺佛号及结缘之横直小幅等，半月后寄致厦门，托广洽法师转呈。

△附挂号寄上一包，内有木夹板《梵网经》及其他《华严》

《八大人觉》等五册，敬赠法座。又有布面《梵网经》一册，乞转奉广洽法师。又有日本书二册及信片画三套，乞转奉芝峰法师。此次佛学书局所印各种拙书，印工未精，装折亦参差不齐。又因资本不足，未曾另赠与末学，故未能分送诸友人耳。

△以前末学与各处关系各事，悉已料理清楚。秋凉时，拟来闽亲近法座也。

谨复，顺颂禅安！

末学演音稽首
旧四月三十日

依邮章，印刷品宜与信函分寄，未可合并。附白。

十

（一九三二年旧五月廿四日，温州）

性公老法师慈鉴：

惠书，敬悉一一。承施十金，却之不恭，谨以受收。唯来函所云，备作邮笺之需云云。后学现不需用邮笺，拟以移作他用，想为慈意所许诺也。

秋凉之后（旧历九月或十月间），倘时局无大变动，拟来闽亲侍法座。所云接迎之事，万不敢当，因临时或由沪，或由温动身，未能一定也。

后学近来衰老益甚，拟来闽后，在不驻军队之寺居住，以资静养，乞法座预为酌定之，致感！顺请禅安！

后学演音顶礼
旧五月廿四日

十一

（一九三二年十月十四日，温州）

性公老法师慈座：

　　顷奉惠函，敬悉一一。诸承慈示，感谢无尽。末学拟于十天后搭乘新镒利轮船往厦，但此船无有定期，或延迟亦未可知也。广洽法师处，已另有函达。谨此奉复，顺颂法安！

　　前寄致泉州佛经一包，又寄致南普陀拙书一包，想悉收到。金陵之函件，已于端午日挂号寄出矣。又启。

末学演音稽首
十月十四日

十二

（一九三二年十月十八日，温州）

性公老法师慈鉴：

　　前复函，想达慧览。昨午续奉惠书，并承施十元。却之不恭，敬谨领受。末学自十四夜间患痢疾，致今未愈。倘近日痊愈，即搭次班轮船往厦。（广洽法师处亦已通知。）倘一时未能痊愈复元者，则更须延期也。知劳慈念，谨以奉达。并陈谢意。顺颂法安！

旧十月十八日

十三

（一九三二年，厦门）

性公老法师慈鉴：

　　前法驾莅厦，诸承慈护，惠施种种，致用感谢。承命书匾额之字，系用朱色。乃写时匆促，未能忆及，遂用墨书。致半夜睡醒之时，始想起应用朱书之事。致为抱歉！谨此陈谢，诸希慈谅。兹有恳者。末学前存在友人处经书两大箱，拟即运厦。乞座下暇时，到开元访陈敬贤居士。乞为致候，并请彼写介绍书，托上海陈嘉庚公司代为运厦。附陈者有三事：

　　一、介绍书请写两封，一封于送书箱时随交。又一封，在送书前数日寄去，预告此事。俾免临时唐突冒昧。此两封信皆乞寄交末学转付。

　　二、上海陈嘉庚公司之详细住址，乞写明。俾便友人访觅。

　　三、上海之友人，为刘质平君。乞向公司主任代为介绍。以后刘君或再有物件托带厦者，亦乞慈悲许诺。致为

286

感激!

谨恳,顺叩法安!

以后惠函,乞寄妙释寺转交致妥。因末学每数日必往一次也。(无须寄致山边岩,若恐遗失也。)

末学演音稽首

旧十一月十六日

十四

(一九三三年三月十三日,厦门万寿岩)

性公老法师慈鉴:

惠书诵悉。佛名书就,附奉上。将来放大之字,乞另留底稿一份,或他处亦需用也。此次讲《羯磨》,约致四月八日圆满。与末学偕来寄居寺中者共十一人,皆一例过午不食,甚可赞叹。妙慧、广义诸师亦在内也。谨复,顺颂法安!

周伯道居士属写绢对,俟四月中旬写奉,乞先代为致意。

末学演音稽首

三月十三日

十五

（一九三三年三月廿八日，厦门）

性公老法师慈座：

两奉惠书，敬悉一一。讲律事决定延续，俟酷热时再稍休息可耳。属书各件，下月奉上。谨此，奉复。顺颂慈安！

后学演音稽首

三月廿八日

十六

（一九三三年四月十一日，厦门）

性公老法师慈鉴：

昨奉惠书，敬悉一一。承介绍往草庵息暑，致用感谢！但学律诸师之意，谓有五六人（或不止此）随往者。草庵床具，斋粮或未能具备。诸师意欲往雪峰（彗峰寺）。但未知转解和尚之意如何？拟请座下先为函询，俟得回信后乃能动身。倘雪峰不能容多众者，仍乞座下慈愍，代为设法介绍他处。因厦门气候较热，暑季三四月内不能讲律，虚度光阴。现欲觅山中凉爽之处，居住四个月以上，结"后安居"（僧众集中一处讲学的制度），继续讲律也。

惠示，乞寄妙释寺转交最为妥迅。勿由文灶社转（甚迟缓且易遗失也）。谨恳，顺请法安！

末学演音稽首
四月十一日

末学近辑《灵峰警训略录》一卷，名曰《寒笳集》，仅三十页。可以作佛学校国文教科书用也。不久即送致佛学书局印行。附白。

十七

（一九三三年六月十二日，厦门）

性公老法师慈鉴：

前托人带上《行愿品疏》及拙札，想达道览。顷奉惠书，敬悉一一。诸公厚意，感谢无尽。唯半月前本妙师谆谆约后学等于八月移住万寿岩，义不可却，后学已允许矣。辜负开元诸公厚意，致用歉然。诸乞谅宥为祷。

顺颂法安！

后学演音稽首
六月十二日

十八

（一九三三年，泉州）

性公老法师慈座：

曩承惠赐夏布海青，感谢无尽！前日法驾枉临，遂忘致谢，致用歉然！塔记写奉，末一行因空白，故写撰书人名。倘欲写捐资功德人名者，此行可删去也。顺颂法安！

末学演音稽首

十九

（一九三三年冬，晋江）

性公老法师慈鉴：

曩承介绍居住草庵，以胜缘未能成熟，屡欲往彼，辄为阻障。致本月初旬乃获如愿。移居以来，身心安宁，深感昔日介绍之慈恩也。林居士尊箸甚善，佩仰无已。附以奉还。乞为转交。谨陈。顺颂法安！

后学演音稽首

二十

（一九三四年二月十八日，厦门）

性公老法师慈鉴：

昨常法师来谈，谓欲敦请尤居士来南普陀，观察地理。但后学未知彼之住址。今已致函与彼长子，转交一函，能达到否，尚未可知。拟请慈座再致书敦促。后学亦写一笺，乞为附入寄去致祷，顺颂法安！

后学演音稽首
二月十八日

二十一

（一九三四年二月廿五日，厦门）

性公老法师慈鉴：

惠书敬悉。林居士撰稿已收到。拙意别纸写之。乞转交居士。

原稿附呈还。常法师于三月初七日即返如皋，约月余乃再来南闽。尤居士如行期定时，拟请慈座来厦门招待一切。谨达。顺颂法安！

后学演音稽首
二月廿五日

二十二

（一九三四年三月廿八日，厦门）

性公老法师慈鉴：

曩承枉驾，致用感慰。后学拟居南普陀半载，以答诸公属望之盛意。学律诸师于旧七月三十日习普通律学已竟（由去年正月始），即可圆满毕业也。后学近半月来，学行一食法，身体较前康健，未尝瘦弱。知劳，慈念，附以奉闻。别一纸，写诸律书名，乞便中往（南门李宏成居士宅楼上木箱内）检出，致感谢，顺颂法安！

后学演音稽首

三月廿八日

二十三

（一九三四年六月二日，厦门）

性公老法师慈鉴：

曩承惠谈，致用欢慰。今日本妙师来，谆约后学等于八月往万寿岩，襄助念佛堂事，情意殷勤，不可以却。故后学已允诺矣。谨以奉达（约在八月初五日以后移居）。天津新刻《行愿品别行疏》甚为精工，附呈一册，顺颂慈安！

后学演音稽首
六月二日

二十四

（一九三四年五月七日，厦门）

性公老法师慈鉴：

　　近由汉口寄到名笔，兹呈上六枝，乞试用之。大绿颖，后学已用甚久，能写小楷乃致三寸大字。价廉物美，且坚牢耐久，诚佳制也。月台诸学僧如需用者，可以通信购买。价五元以内，可免关税。温州老名士谢君，近为音刻印二方。附奉印稿，希清览。谨陈，顺颂法安！

后学演音稽首
五月七日

二十五

（一九三四年八月十三日，厦门）

性公老法师慈座：

　　前承询问学社幼年僧众教育方法，谨陈拙见如下，以备采择。应分三级：丙级年不满二十岁者，以学劝善及阐明因果报应之书为主，兼净土宗大意。大约二年学毕。乙级二十岁以上，学律为主。兼学浅近易解之经论。大约三年学毕。甲级学经论为主，精微之教义，大约三年学毕。

今且就丙级，详记办法如下：

每日五课：

（一）读背经。（二）讲《安士全书》（全部）。（三）选读四书及讲解。（四）国语，应用材料，如《法味》《谈因》《弥陀经白话解》等，即依此练习语言，兼获祛益。（五）习字。又随时于课外演讲因果事迹及格言等。并选《印光法师嘉言录》随时讲之。读经背诵经，所用之经，可以随时酌定。如《地藏经》《普门品》《行愿品》等。《安士全书》，印老法师尽力提倡，未可以其前有《阴骘文》而轻视之。四书中《论语》全读，先读，其余依次选读之。

苏州弘化社目录中，所应用之书，以朱圈记之（此社为印老法师所办）。

以上之办法，与印老法师之主张多相合。二年之中，如此教授，可以养成世间君子之资格。既有此根基，然后再广学出世之法，则有次第可循矣。

以上所陈拙见，敬乞教正。唯乞勿传示寺外之人。因上所陈者，不敢自谓为尽善，不过姑作此说耳。

匾联已写就，先以奉上。顺颂法安！

末学演音稽首

八月十三日午后

石印用之腊纸，他日如交下时，乞于纸之正面写一记号，俾免误书于背面，致不能付印也。附白。

二十六

（一九三四年，厦门）

性公老法师慈鉴：

前上二函，计悉收到。兹有恳者：前存李居士处佛书两箱，据广洽师云，所剩已不甚多，乞请座下便中检出，托人络续带厦，存妙释寺，致用感谢。附奉上拙书《心经》印本三册，乞收入，顺请法安！

后学演音稽首

二十七

（一九三四年十二月三十日，厦门）

性公老法师慈座：

　　惠书敬悉。末学自惭凉德，空负虚名，若言若行，多诸过失。清夜扪心。悚惧万分！乃承慈念殷勤，犹如慈母偏怜病子，感泣何尽！末学在万寿岩讲《弥陀经》毕，即拟遁世埋名，闭门思过。所往之处，且俟临时随缘而定耳。承荷远念，先以奉闻。顺颂年安！

末学演音顶礼

腊月三十日

二十八

（一九三五年四月十二日，惠安）

性公老法师慈鉴：

　　前承远送，并惠多珍，慈爱殷渥，感谢何已。后学居净山甚安，广洽师亦赞同也。前借承天《频伽大藏经》三帙，已带致净山，临行匆促，未及奉陈，乞亮之。冬季戒期能下山否未定，届时当预陈也。（若老体颓唐，未能步行长途者，当书六尺大联二对为纪念。六尺宣纸近有人赠来。净业寺碑俟画格后，亦可托人带碑石致净峰书写也。）净业寺碑文，不久润色奉上，得便必为书写。附书小联十对，若承天学僧有欲得者（又"戒香"五叶），乞随意赠之。谨陈，顺颂慈安！

尘老和尚、寿山法师暨诸法师前乞代问安。

后学演音稽首

二十九

（一九三五年四月十六日，惠安）

性公老法师慈鉴：

前由洽师呈上一函，想达慈览。后学居净山后，身心安宁，足慰远念。（土匪则另是一事，未须介意也。）净觉碑文已拟就，附奉教正。若欲属写者，乞托人将碑石送致净山，即可写奉也。谨陈。

顺颂法安！

后学演音稽首
四月十六日

三十

（一九三五年八月四日，惠安）

性公老法师慈鉴：

惠书敬悉。承赐佳茗，致感！月台额联撰写之事，甚愿为之。但开戒时讲律之事，恐未能应命。因近来老衰日甚，精神不振，敬乞代为婉言辞谢。传贯师父子二人亦未能来承天佐助。因其时寺中执事者三人，皆往承天受戒，全寺空虚，无人管理故也。

前存尊处（由广治师带致泉州者）《九华垂迹图赞》二册，如有适宜之处，乞为转赠结缘。谨复，顺颂法安！

后学演音稽首

八月四日

三十一

（一九三五年九月十八日，惠安）

性公老法师慈鉴：

去秋法座以《净觉寺事略》见示，嘱为代撰碑文并书写，近拟起稿呈政。俟冬初或到泉一游，并书写上石也。未知碑石已预备否？谨陈，顺颂慈安！

后学演音稽首

九月十八日

三十二

（一九三五年十二月九日，泉州草庵）

性公老法师慈鉴：

规则略拟三种，呈政。承惠施紫菜，蚕豆。今晨始知，敬谢厚意。《饬终津梁》，瑞卫师有一册，乞检阅。顺颂法安！

后学演音稽首

助念生西会，宜分设各地，不限泉城一处也。

今岁元旦，居万寿岩时，悉免往来拜年。明正亦尔。乞代达传证、瑞卫、妙慧诸师，不须来拜年也。附白。

性常师已来草庵。

十二月九日

十二日付邮，附白。

三十三

（一九三五年秋，惠安）

性公老法师慈鉴：

此次承驾临惠安，弘法因缘，圆满成就，致用欢感。尚有数处，欲乞老人垂临讲经，俟明岁暇时，再乞慈酌。此次老人惠施法雨，能令多人发起弘法之愿，此乃惠安空前未有之盛事也，忭跃何已！后学约于十一月十三、四日参访月台，随喜法会。谨达，顺颂慈安！

后学演音稽首

三十四

（一九三五年，泉州）

性公老法师慈鉴：

濒行承厚赠，深感！到泉后，因尘老和尚谆命，故暂居承天寺。诸幼年学僧招待甚周，颇为安适，足慰慈念。余俟面时商陈。

谨达，顺颂法安！

后学演音稽首

三十五

（一九三六年三月十三日，厦门）

性公老法师慈鉴：

　　顷诵慈座与洽师书及传贯师来书，敬悉一是。后学今于慈座等盛意，深为感动。决定将闭关之事延期，俟病愈后来泉州。但日光岩关房已建就，缁素诸众皆知不久闭关，今忽延期，恐他人致疑。乞于便中将此事原委详告善契师为祷。谨复，顺颂法安！

　　传贯师处不另函。乞代告云：大镜子（中写佛菩萨圣号）于十五日送东石菜

　　堂。希嘱广空师速往领取。又晴霞寺信一件，乞交传贯师。

后学演音稽首
三月十三

三十六

（一九三七年十月初二日，厦门）

性公老法师慈鉴：

　　前在青岛，曾复书，托广空法师转呈，想达慈座。后学于半月前已返厦门，暂住万石岩。因时局不安，未能移居他

方。前承慈念，欲令后学居永春，且俟闽南乱事，再酌定也。智普师誓舍身命，守护南普陀寺。寺中现犹住二十余人，二时课诵外，并于晚间礼大悲忏。昨日又有三机致厦，恐一时未能平定也。谨陈，顺颂法安！

后学演音稽首
旧十月初二日

三十七

（一九三八年正月十日，泉州）

性公老法师慈鉴：

惠书敬悉。厚爱殷勤，感激无尽。后学往永春之期，现尚未定。且俟将来因缘成熟时，即通知妙慧师也。前托觉彻师寄奉拙书联屏等共二次，又奉上安溪茶数盒，想悉受收。谨复，顺颂法安！

后学演音稽首
正月十日

三十八

（一九三八年，泉州）

性公老法师慈鉴：

前由洽师奉上一笺，想达法座。贯师来泉之便，拟请慈悲代向佛学书局购请佛书。前陈宗泮居士自菲带来十二元，拟请佛书以赠送惠安诸学者。其书名及寄邮之处，别纸写列，敬乞费神代办一切，致用感谢。顺颂法安！

末学演音稽首

三十九

（一九三八年，漳州）

性公老法师慈鉴：

久未通讯，甚念！后学居漳已数月，身体尚健，精神大衰，唯冀早生极乐耳。如晤王正邦、郑广德、高文显诸居士，乞代致候。谨陈。顺颂法安！

后学演音稽首
闰七月十九日

四十

（一九四二年四月十三日，泉州）

性公老法师慈鉴：

去秋方拟启程，变乱忽起，致负旅菲缁素诸公厚望，致用歉然！兹有陈者，觉圆法师近来道心坚固，拟放下一切，追随后学专心用功。百源主持一席，已交与其弟子妙兴师暂为代理，并托诸护法为照顾指导一切。觉圆法师于数日后，即随后学往闽东居住，暂不返泉。百源寺务，俟时局稍定，泉、菲之间能通信时，即请诸居士代寄此信，呈奉慈座。以后寺务如何规定，敬乞慈座核酌。即赐复音，仍交与诸居士依教奉行。后学前曾闻李秉传居士谈及，慈座有将百源完全改为居士林之意。后学等甚为赞成。诸居士亦极欢忭。行谓若改作居士林时，则经费决无困难云云。今据大众公意，附陈慈照。敬乞复示，俾便遵循。致于妙兴师，本是暂时代理。若改为居士林后，彼即退位，专心用功。因后学亦曾劝妙兴师不可任职，应放下一切，专心用功云。以后慈座惠书，乞寄泉城诸居士先为披阅，暂存居士处。因后学所居荒僻之地，未便通信也。谨陈，顺叩慈安！

后学音稽首

旧历壬午四月十三日

致广洽法师

一

（一九三一年十月廿一日，慈溪）

广洽法师：

前呈信片，想达慧览。今岁拟即在金仙寺过冬，俟明年觅得同伴，当偕来闽南。因行李繁重，一人乘搭轮船，上下殊困难也。前有僧众发起律学院，欲令音任讲解。音自顾难以胜任；而彼内部亦有意见，故已决定停办矣。前托性愿法师转奉上《华严经集联》一册，想已收到。谨达，顺颂法安！

音和南
十月廿一日

二

（一九三一年十一月，慈溪）

广洽大师慈鉴：

昨奉惠书，及转寄信件等，感谢无尽！前月欲往厦门，虽值阻缘，但其后即返五磊寺。遂由友人帮助，言说调停，即将律学院事完全取消。以后音之身体，可以自由无碍，诚幸事也。尔后往厦之期，尚未能定。俟有因缘，即当与人偕往，亲近法座也。谨复，顺颂法安！

演音和南

旧十一月十三日

三

（一九三二年三月十四日，上虞）

广洽法师慈鉴：

惠书，欣慰无已。承询所需，致用感谢！将来如需用时，当以奉闻。音本拟在此过夏，乃昨夕忽有友人来此，谆谆约往远方一游。义不容辞，拟于明晨动身。大约致迟于中秋前返法界寺。料理一切。然后以故停止。后再动身往厦门，亲近法座也。

上海佛学书局（在北火车站宝山路口），已印音所书写

306

之《地藏经见闻利益品》一册。《地藏经》（地神护法品、嘱累人天品）横披二张（已出版）。尚有已付印（尚未出版）音所书写之佛经数种，及将付印之数种并对联等，大约两三个月内可以印齐。书局于每种仅赠音十份，不敷分赠诸友人。倘仁者及他缁素诸德，愿得拙书石印各种佛经对联（内有一种系珂罗版），乞直接向佛学书局请购可也。彼处非谋利，故定价甚廉。附以奉闻。濒行匆忙，草草复此。顺叩法安！

演音顶礼

三月十四日

如晤性愿老法师时，亦乞代达此意。觉斌诸大师前，均乞代为问安。

四

（一九三三年，泉州）

广洽法师道鉴：

《续藏经》三包，乞为寄还温州。每包贴邮票二角三分，系单挂号。重量已秤，每包七册，能符邮章。

温州地址：温州大南门外庆福寺

寂山老和尚、因弘法师同收

演音寄

又余所藏图章，前年已允许赠与镇海印西法师。彼倘索取，酌以分赠可也。附陈。

五

（一九三四年，晋江）

广洽法师道鉴：

年终二十七日，曾交工人信一件，付安海邮局。本拟挂号，彼不允许，故仅贴邮票五分，未知已收到否？信内所述者，恳为惠施三物：

一、绿豆一大口袋（做稀饭用）。二、石炭酸一瓶。三、血清药水（系内服者）一打，计十二瓶。

因此次生外疮，血已污浊不清。故今全身常痒，又生小疮甚多。故必须多服血清药水，令血清洁，自然诸病自愈矣。但不知血清药水（内服者）以何种为最好？乞为请问陈天恩。

演音

六

（一九三五年正月六日，厦门）

广洽法师道鉴：

饮食如常，精神口旺，但外症等须渐渐而愈，未可着忙也。医士或其他有名之西医，精为选择。乞先购十二瓶带下致感。是疮甚轻，现已渐愈，乞勿念！

惠安讲经之信，致今未收到。未知尊处已寄与福埔站否？近已托人到惠安询问。倘必欲讲（《地藏经》）者，唯有恳求瑞今法师代往。俟消息确定后，即托传贯师之父亲广谦师到厦门，迎陪瑞今法师同往，乞先为致意。若不讲者，即不来也。顺颂法安！

演音启
正月六日

七

（一九三五年正月初八日，厦门）

广洽法师道鉴：

瑞今、曦二法师来，携到文物，已收到，感谢无尽！仁者不甚康健，可以缓来（不久即立春）。以后有药水等，托他人带来可也。近向日本请经甚多，共计七八百册，寄致南普陀寺弘一收。乞仁者费神代领。但书太多，恐海关留难，乞托邮局黄居士为之设法何如？又上海不久汇洋四十元致尊处，转交余收，亦乞代领。图章一方，托瑞今法师面交，以备领书领款时用。以后有他处寄与之信件，皆乞仁者一一拆阅（恐内有汇票，又恐有他要事也）。谨陈，不宣。

附一函致夏居士，乞为挂号寄去，致感！

演音

启正月初八日

八

（一九三五年七月十三日，惠安）

广洽法师道鉴：

前上信片，想已收到。今午奉惠书，具悉一一。居净峰，眠食甚安。八月底仁者来惠安时，乞将南普陀后山大书架中，所藏《行事钞》六册（书旁标题红字者）、《羯磨疏》六册、《含注戒本疏》六册（共计十八册）带下。附奉上明信片一纸，乞为转寄。将来徐居士寄《南山律要》全部来时，乞为存置后山捧架中，无须带来也。近研习律学甚忙，未能书写《地藏经》。（衰老日甚，未能往沪。）自明年正月元旦始，编辑《南山律在家备览》（有广略二种）约一年编竟。（以上之意，便中乞告沈、李二居士。）顺颂法安！

音启

七月十三剃度日

九

（一九三五年十二月四日，晋江草庵）

广洽法师道鉴：

此次往惠安弘法，诸事顺利，圆满成就。昨日到草庵。大约于本月十五日以前，惠安科山寺有挂号信寄与仁者转交朽人。务乞仁者俟收到此信后，再来草庵。因此信甚要紧也。（内述明年正月讲经大会之日期。但余体弱，不能作长期之讲演，拟请性公老人代往。）余俟面谈，谨达，不宣。

演音启

十二月四日

十

（一九三五年，厦门）

广洽法师：

仁者下次来时，乞将南普陀功德楼上之大油布带下（即是晒在楼上者）。此达。

演音上

十一

（一九三五年，惠安）

广洽法师道鉴：

送上信一封，书一包，皆乞挂号寄去。费神，致感！

演音启

十二

（一九三五年，惠安）

广洽法师：

《佛教大辞汇》六册，《佛教大辞典》一册，乞于暇时送下。请往他处之信，勿送来；有请托不合宜之事者，勿送来。

演音上

十三

（一九三六年，鼓浪屿）

广洽法师道鉴：

惠书诵悉。诸承费神，感谢无尽！

口本来信及书籍等寄到时，乞为转送泉州。其他各地寄来之信函及书等，皆存贮仁者之处，乞勿送下。因以后拟不披阅信件，亦不写回信也，并乞告佛学院及妙释寺云：凡有他处寄与弘一之挂号信及书，皆乞勿收，原件退回。

附奉上致大醒法师挂号信一件，乞为付邮挂号寄去。（倘须增加邮票五分，乞为代贴。）谨陈，顺颂法喜！

附一纸，乞交胜进居士。

演音启

十四

（一九三六年，鼓浪屿）

广洽法师道席：

尔来诸事尚未结束。致十二月初旬，能往南普陀否，尚难决定。昨日承携去之水仙花，乞以分赠诸友人可也。因余处尚有四棵存贮。谨达，不宣。

演音启

十五

（一九三六年，鼓浪屿）

广洽法师道鉴：

曩承枉谈，诸荷慈念，感谢无尽。近详细思维，拟先偕仁者同往泉州一次，到彼观察情形，现在且勿决定也。倘仁者病愈，乞于下午到日光岩一宿，次晨即可偕往也。不宣。

音启

十六

（一九三六年，泉州）

广洽法师：

在草庵过年。近到泉州，缁素来晤谈者甚多。已托善契法师将仁者所存彼寺之《金刚经》仅留两包，其余皆带致泉州，由朽人分赠诸善信。此事未能先与仁者商量，致用歉然。想仁者必甚欢喜赞成也。稍迟或往惠安讲经。以后惠书，乞寄泉州承天寺觉圆法师转，致妥。不宣。

音启

《普贤行愿品梵文考》，久已印就（尚未装订，工事停顿），稍迟再装订寄下。其原本存上海蔡丏因居士处，乞勿念。

十七

（一九三七年六月廿四日，青岛）

广洽法师道席：

惠书诵悉。承寄抄写受戒式一册，已收到。乞以前存仁者处之《佛学丛刊》一部，赠与抄写者，以酬谢其劳也。四川成都，乞再挂号寄（珂罗版）《金刚经》二册。封面上写：四川成都少城小通巷五号曾孝谷居士收。

王居士嘱写之件，稍缓写就寄上。并有印老法师像一幅，赠与王居士。又写稿一卷，交与高文显居士。共为一包。大约半月后可以寄上也。讲律事，已托人代讲。近来天气闷热，较闽南尤甚。略复，不宣。

演音启
六月廿四日

十八

（一九三七年，青岛）

广洽法师道席：

来齐州已一月余，身体精神日益强健（传贯师等亦然，甚肥胖）。寺中同住者近九十人，皆废止晚食，而大半体胖力大。或由多餐面食有以致之欤？昔本拟托代讲，到湛山寺后，因学者多有程度，无人愿任代讲之事。故由朽人一人担任，已近一月。终日忙碌，亦不觉疲劳，稍前大不同也。兹将每周课作略写如下：

每日课作时间，约七八小时：星期日，预备功课；星期一，上午讲律，以后写字或编讲义；星期二，预备功课。星期三，同星期一；星期四，预备功课。星期五，同星期一；星期六，写字或编讲义。每星期共讲三次。

演音疏

十九

（一九三七年，厦门）

广洽法师道席：

前承谈及住中岩之事。余曾先后在佛前占察三次，皆示不宜，想是因缘尚未成熟也。乞仁者往晤会泉老法师，代陈此意，并致歉忱。倘仁者因病未能往，即托高居士代往亦可。费神致感，不宣。

演音启

二十

（一九三八年，厦门）

广洽法师道鉴：

惠书诵悉。承施资，甚感！朽人现未能出洋，仍拟居住国内也。谨复，并谢！不宣。

演音上

二十一

（一九三九年五月三日，永春）

广洽法师道席：

数奉惠书，具悉一一。尤居士书已收阅。乞代复尊师瑞等上人一函，述明不能往星洲之意（以后亦不能往，因老病故），并代致谢忱。

尤居士处，乞代托性公老法师于致函时，附笔致谢。前在养正院讲稿，已交世界书局修改付印。尊处所存附印之资，乞汇交蔡丐因居士。朽人居此甚安。高（胜进）居士前寄照相，已收到，乞为致候。

谨复不宣。

演音疏

五月三日

二十二

（一九三九年七月十四日，永春）

广洽法师道席：

　　惠书诵悉。承施十金，致用感谢！朽人现住山顶寺中，方便闭关。性常法师等，皆住山下普济寺中。前函及图，皆收到。文显寓大乘信愿寺。画集尚未着手。郁居士函已收到，致用感谢，乞代为致候。不宣。

音启农历

七月廿四日

二十三

（一九四〇年二月初十日，永春）

广洽法师道鉴：

　　别来三载，致用悬念！顷奉惠书，悉仁者欲返祖国，致用欢忭。五十金已受收，感谢无尽！略复。余俟晤谈。不宣。

音启

二月初十日

性常法师现往泉州，附白。

二十四

（一九四〇年，永春）

广洽法师道席：

　　所谈之事，由余思维。《金刚经》序文，请费范九居士撰并书写。彼之文字书法皆佳。序文之意，即依仁者所写示者告彼，由彼斟酌变通可也。签条，拟请子恺居士写。经名为正行，下方或写"弘一书写"字样。因余之名字，若冠于经名之上，似不恭敬也。其式如下：

　　金刚般若波罗密经

　　……书写……

演音疏

　　此签条可以题字大写，印时再随宜缩小也。

二十五

（一九四二年三月三十日，泉州）

广洽法师慧览：

　　变乱后，久不通讯，甚念！拙书《师经》，前七年曾以赠与仁者，存贮日光岩木箱中。去年曾闻已借与聂居士影印。近因觉圆师拟建大药师寺，拟请仁者以此经转施与大药师寺，致为适宜。谨陈，不宣。

音启

壬午三月卅日

附录

附录一　怀李叔同先生

丰子恺

　　距今二十九年前，我十七岁的时候，最初在杭州的浙江省立第一师范学校里见到李叔同先生，即后来的弘一法师。那时我是预科生，他是我们的音乐教师。我们上他的音乐课时，有一种特殊的感觉：严肃。摇过预备铃，我们走向音乐教室，推进门去，先吃一惊：李先生早已端坐在讲台上。以为先生总要迟到而嘴里随便唱着、喊着或笑着、骂着而推进门去的同学，吃惊更是不小。他们的唱声、喊声、笑声、骂声以门槛为界限而忽然消灭。接着是低着头，红着脸，去端坐在自己的位子里。端坐在自己的位子里偷偷地仰起头来看看，看见李先生的高高的瘦削的上半身穿着整洁的黑布马褂，露出在讲桌上，宽广得可以走马的前额，细长的凤眼，隆正的鼻梁，形成威严的表情。扁平而阔的嘴唇两端常有深窝，显示和蔼的表情。这副相貌，用温而厉三个字来描写，大概差不多了。讲桌上放着点名簿、讲义，以及他的教课笔记簿、粉笔。钢琴衣解开着，琴盖开着，谱表摆着，琴头上又放着一只时表，闪闪的金光直射到我们的眼中。黑板（是上下两块可以推动的）上早已清楚地写好本课内所应写的东西（两块都写好，上块盖着下块，用下块时把上块推开）。在这样布置的讲台上，李先生端坐着。坐到上课铃响出（后来我们知道他这脾气，上音乐课必早到。故上课铃响时，同学早已到齐），他站起身来，深深地一鞠躬，课就开始了。这样地上课，空气严肃得很。

有一个人上音乐课时不唱歌而看别的书，有一个人上音乐时吐痰在地板上，以为李先生不看见的，其实他都知道。但他不立刻责备，等到下课后，他用很轻而严肃的声音郑重地说："某某等一等出去。"于是这位某某同学只得站着。等到别的同学都出去了，他又用轻而严肃的声音向这某某同学和气地说："下次上课时不要看别的书。"或者："下次痰不要吐在地板上。"说过之后他微微一鞠躬，表示你出去罢。出来的人大都脸上发红。又有一次下音乐课，最后出去的人无心把门一拉，碰得太重，发出很大的声音。他走了数十步之后，李先生走出门来，满面和气地叫他转来。等他到了，李先生又叫他进教室来。进了教室，李先生用很轻而严肃的声音向他和气地说："下次走出教室，轻轻地关门。"就对他一鞠躬，送他出门，自己轻轻地把门关了。最不易忘却的，是有一次上弹琴课的时候。我们是师范生，每人都要学弹琴，全校有五六十架风琴及两架钢琴。风琴每室两架，给学生练习用；钢琴一架放在唱歌教室里，一架放在弹琴教室里。上弹琴课时，十数人为一组，环立在琴旁，看李先生范奏。有一次正在范奏的时候，有一个同学放一个屁，没有声音，却是很臭。钢琴及李先生十数同学全部沉浸在亚莫尼亚气体中。同学大都掩鼻或发出讨厌的声音。李先生眉头一皱，管自弹琴（我想他一定屏息着）。弹到后来，亚莫尼亚气散光了，他的眉头方才舒展。教完以后，下课铃响了。李先生立起来一鞠躬，表示散课。散课以后，同学还未出门，李先生又郑重地宣告："大家等一等去，还有一句话。"大家又肃立了。李先生又用很轻而严肃的声音和气地说："以后放屁，到门外去，不要放在室内。"接着又一鞠躬，表示叫我们出去。同学都忍着笑，一出门来，大家快跑，跑到远处去大笑一顿。

李先生用这样的态度来教我们音乐，因此我们上音乐课时，觉得比上其他一切课更严肃。同时对于音乐教师李叔同先生，比对其他教师更敬仰。那时的学校，首重的是所谓英、国、算，即英文、国文和算学。在别的学校里，这三门功课的教师最有权威；而在我们这师范学校里，音乐教师最有权威，因为他是李叔同先生的缘故。

李叔同先生为什么能有这种权威呢？不仅为了他学问好，不仅为了他音乐好，主要的还是为了他态度认真。李先生一生的最大特点是认真。他对于一件事，不做则已，要做就非做得彻底不可。

他出身于富裕之家，他的父亲是天津有名的银行家。他是第五位姨太太所生。他父亲生他时，年已七十二岁。他坠地后就遭父丧，又逢家庭之变，青年时就陪了他的生母南迁上海。在上海南洋公学读书奉母时，他是一个翩翩公子。当时上海文坛有著名的沪学会，李先生应沪学会征文，名字屡列第一。从此他就为沪上名人所器重，而交游日广，终以"才子"驰名于当时的上海。所以后来他母亲死了，他赴日本留学的时候，作一首《金缕曲》，词曰："披发佯狂走。莽中原，暮鸦啼彻，几株衰柳。破碎河山谁收拾？零落西风依旧。便惹得离人消瘦。行矣临流重太息，说相思刻骨双红豆。愁黯黯，浓于酒。漾情不断淞波溜。恨年年絮飘萍泊，遮难回首。二十文章惊海内，毕竟空谈何有！听匣底苍龙狂吼。长夜西风眠不得，度群生那惜心肝剖。是祖国，忍孤负？"读这首词，可想见他当时豪气满胸，爱国热情炽盛。他出家时把过去的照片统统送我，我曾在照片中看见过当时在上海的他：丝绒碗帽，正中缀一方白玉，曲襟背心，花缎袍子，后面挂着胖辫子，底下缀带扎脚管，双梁厚底鞋子，头抬得很高，英俊之气，流露于眉目间。真是当时上海一等的翩翩公子。这是最初表示他的特性：凡事认真。他立意要做翩翩公子，就彻底地做一个翩翩公子。

后来他到日本，看见明治维新的文化，就渴慕西洋文明。他立刻放弃了翩翩公子的态度，改做一个留学生。他入东京美术学校，同时又入音乐学校。这些学校都是模仿西洋的，所教的都是西洋画和西洋音乐。李先生在南洋公学时英文学得很好；到了日本，就买了许多西洋文学书。他出家时曾送我一部残缺的原本《莎士比亚全集》，他对我说："这书我从前细读过，有许多笔记在上面，虽然不全，也是纪念物。"由此可想见他在日本时，对于西洋艺术全面进攻，绘画、音乐、文学、戏剧都研究。后来他在日本创办春柳剧社，纠集留学同志，并演当时西洋著名的悲剧《茶花女》（小仲马著）。他自己把腰束小，扮作茶花女，粉墨登场。这照片，他出家时也送给我，一向归我保藏；直到抗战时为兵火所毁。现在我还记得这照片：卷发，白的上衣，白的长裙拖着地面，腰身小到一把，两手举起托着后头，头向右歪侧，眉峰紧蹙，眼波斜睇，正是茶花女自伤命薄的神情。另外还有许多演剧的照片，不可胜记。这春柳剧社后来迁回中国，李先生就脱出，由另一班人去办，便是中国最初的话剧社。由此可以想见，李先生在日本时，是彻头彻尾的一个留学生。我见过他当时的照片：高帽子、硬领、硬袖、燕尾服、史的克、尖头皮鞋，加之长身、高鼻，没有脚的眼镜夹在鼻梁上，竟活像一个西洋人。这是第二次表示他的特性：凡事认真。学一样，像一样。要做留学生，就彻底地做一个留学生。

他回国后，在上海太平洋报社当编辑。不久，就被南京高等师范请去教图画、音乐。后来又应杭州师范之聘，同时兼任两个学校的课，每月中半个月住南京，半个月住杭州。两校都请助教，他不在时由助教代课。我就是杭州师范的学生。这时候，李先生已由留学生变为教师。这一变，变得真彻底：漂亮的洋装不穿了，却换上灰色粗布袍子、黑布马褂、布底鞋子。金丝边眼镜也换了黑的钢丝边眼镜。他是一个修养很深的美术家，所以对于仪表很讲究。虽然布衣，却很称身，常常整洁。他穿布衣，全无穷相，而另具一种朴素的美。你可想见，他是扮过茶花女的，身材生得非常窈窕。穿了布衣，仍是一个美男子。淡妆浓抹总相宜，这诗句原是描写西子的，但拿来形容我们的李先生的仪表，也很适用。今人侈谈生活艺术化，大都好奇立异，非艺术的。李先生的服装，才真可称为生活的艺术化。他一时代的服装，表出着一时代的思想与生活。各时代的思想与生活判然不同，各时代的服装也判然不同。布衣布鞋的李先生，与洋装时代的李先生、曲襟背心时代的李先生，判若三人。这是第三次表示他的特性：认真。

我二年级时，图画归李先生教。他教我们木炭石膏模型写生。同学一向描惯临画，起初无从着手。四十余人中，竟没有一个人描得像样的。后来他范画给我们看。画毕把范画揭在黑板上。同学们大都看着黑板临攀。只有我和少数同学，依他的方法从石膏模型写生。我对于写生，从这时候开始发生兴味。我到此时，恍然大悟：那些粉本原是别人看了实物而写生出来的。我们也应该直接从实物写生入手，何必临摹他人，依样画葫芦呢？于是我的画进步起来。此后李先生与我接近的机会更多。因为我常去请他教画，又教日本文，以后的李先生的生活，我所知道的较为详细。他本来常读性理的书，后来忽然信了道教，案头常常放着道藏。那时我还是一个毛头青年，谈不到宗教。李先生除绘事外，并不对我谈道。但我发现他的生活日渐收敛起来，仿佛一个人就要动身赴远方时的模样。他常把自己不用的东西送给我。他的朋友日本画家大野隆德、河合新藏、三宅克己等到西湖来写生时，他带了我去请他们吃一次饭，以后就把这些日本人交给我，叫我引导他们（我当时已能讲普通应酬的日本话）。他自己就关起房门来研究道学。有一天，他决定入大慈山去断食，我有课事，不能陪去，由校工闻玉陪去。数日之后，我去望他。见他躺在床上，面容消瘦，但精神很好，对我讲话，同平时差不多。他断食共十七日，由闻玉扶起来，摄一个影，影片上端由闻玉题字："李息翁先生断食后之像，侍子闻玉题。"这照片后来制成明信片分送朋友。像的下面用铅字排印着："某年月日，入大慈山断食十七日，身心灵化，欢乐康强——欣欣道人记。"李先生这时候已由教师一变而为道人了。

学道就断食十七日，也是他凡事认真的表示。

但他学道的时候很短。断食以后，不久他就学佛。他自己对我说，他的学佛是受马一浮先生指示的。出家前数日，他同我到西湖玉泉去看一位程中和先生。这程先生原来是当

327

军人的，现在退伍，住在玉泉，正想出家为僧。李先生同他谈得很久。此后不久，我陪大野隆德到玉泉去投宿，看见一个和尚坐着，正是这位程先生。我想称他程先生，觉得不合。想称他法师，又不知道他的法名（后来知道是弘伞）。一时周章得很。我回去对李先生讲了，李先生告诉我，他不久也要出家为僧，就做弘伞的师弟。我愕然不知所对。过了几天，他果然辞职，要去出家。出家的前晚，他叫我和同学叶天瑞、李增庸三人到他的房间里，把房间里所有的东西送给我们三人。第二天，我们三人送他到虎跑。我们回来分得了他的遗产，再去望他时，他已光着头皮，穿着僧衣，俨然一位清癯的法师了。我从此改口，称他为法师。法师的僧腊二十四年。这二十四年中，我颠沛流离，他一贯到底，而且修行功夫愈进愈深。当初修净土宗，后来又修律宗。律宗是讲究戒律的，一举一动，都有规律，严肃认真之极。这是佛门中最难修的一宗。数百年来，传统断绝，直到弘一法师方才复兴，所以佛门中称他为重兴南山律宗第十一代祖师。他的生活非常认真。举一例说：有一次我寄一卷宣纸去，请弘一法师写佛号。宣纸多了些，他就来信问我，余多的宣纸如何处置？又有一次，我寄回件邮票去，多了几分。他把多的几分寄还我。以后我寄纸或邮票，就预先声明：余多的送与法师。有一次他到我家。我请他藤椅子里坐。他把藤椅子轻轻摇动，然后慢慢地坐下去。起先我不敢问。后来看他每次都如此，我就启问。法师回答我说："这椅子里头，两根藤之间，也许有小虫伏着。突然坐下去，要把它们压死，所以先摇动一下，慢慢地坐下去，好让它们走避。"读者听到这话，也许要笑。但这正是做人极度认真的表示。

如上所述，弘一法师由翩翩公子一变而为留学生，又变而为教师，三变而为道人，四变而为和尚。每做一种人，都做得十分像样。好比全能的优伶：起青衣像个青衣，起老生像个老生，起大面又像个大面……都是认真的缘故。

现在弘一法师在福建泉州圆寂了。噩耗传到贵州遵义的时候，我正在束装，将迁居重庆。我发愿到重庆后替法师画像一百帧，分送各地信善，刻石供养。现在画像已经如愿了。我和李先生在世间的师弟尘缘已经结束，然而他的遗训——认真——永远铭刻在我心头。

附录二　弘一法师之出家

夏丏尊

　　今年旧历九月二十日，是弘一法师满六十岁诞辰，佛学书局因为我是他的老友，嘱写些文字以为纪念，我就把他出家的经过加以追叙。他是三十九岁那年夏间披剃的，到现在已整整作了二十一年的僧侣生涯。我这里所述的，也都是二十一年前的旧事。

　　说起来也许会教大家不相信，弘一法师的出家，可以说和我有关，没有我，也许不至于出家。关于这层，弘一法师自己也承认。有一次，记得是他出家二三年后的事，他要到新城掩关去了，杭州知友们在银洞巷虎跑寺下院替他饯行，有白衣，有僧人。斋后，他在座间指了我向大家道：

330

"我的出家，大半由于这位夏居士的助缘，此恩永不能忘！"

我听了不禁面红耳赤，惭悚无以自容。因为：（一）我当时自己尚无信仰，以为出家是不幸的事情，至少是受苦的事情，弘一法师出家以后即修种种苦行，我见了常不忍。（二）他因我之助缘而出家修行去了，我却竖不起肩膀，仍浮沉在醉生梦死的凡俗之中，所以深深地感到对于他的责任，很是难过。

我和弘一法师相识，是在杭州浙江两级师范学校任教的时候。这个学校有一个特别的地方，不轻易更换教职员。我前后担任了十三年，他担任了七年。在这七年中我们晨夕一堂，相处得很好。他比我长六岁，当时我们已是三十左右的人了，少年名士气息，忏除将尽。想在教育上做些实际工夫，我担任舍监职务，兼教修身课，时时感觉对于学生感化力不足。他教的是图画音乐二科，这两种科目，在他未来以前，是学生所忽视的。自他任教以后，就忽然被重视起来，几乎把全校学生的注意力都牵引过去了。课余但闻琴声歌声，假日常见学生出外写生。这原因一半当然是他对于这二科实力充足，一半也由于他的感化力大。只要提起他的名字，全校师生以及工役没人不起敬的。他的力量，全由诚敬中发出，我只好佩服他，不能学他。举一个实例来说，有一次寄宿舍里学生失少了财物了，大家猜测是某一个学生偷的，检查起来，却没有得到证据。我身为舍监，深觉惭愧苦闷，向他求教。他所指教我的方法，说也怕人，教我自杀！说：

"你肯自杀吗？你若出一张布告，说作贼者速来自首，如三日内无自首者，足见舍监诚信未孚，誓一死以殉教育。果能这样，一定可以感动人，一定会有人来自首——这话须说得诚实，三日后如没有人自首，真非自杀不可。否则便无效力。"

这话在一般人看来是过分之辞，他说来的时候，却是真心的流露，并无虚伪之意，我自愧不能照行，向他笑谢，他当然也不责备我。我们那时颇有些道学气，俨然以教育者自任，一方面又痛感到自己力量不够。可是所想努力的，还是儒家式的修养，至于宗教方面简直毫不关心的。

有一次，我从一本日本的杂志上见到一篇关于断食的文章，说断食是身心"更新"的修养方法，自古宗教上的伟人，如释迦，如耶稣，都曾断过食。断食能使人除旧换新，改去恶德，生出伟大的精神力量。并且还列举实行的方法及应注意的事项，又介绍了一本专讲断食的参考书。我对于这篇文章很有兴味，便和他谈及，他就好奇地向我要了杂志去看。以后我们也常谈到这事，彼此都有"有机会时最好断食来试试"的话，可是并没有作过具体的决定。至少在我自己是说过就算了。约莫经过了一年，他竟独自去实行断食了，这是他出家前一年阳历年假的事。他有家眷在上海，平日每月回上海二次，年假暑假当然都回上海的。阳历年假只十天，放假以后我也就回家去了，总以为他仍照例回到上海了的。假满返校，不见到他，过了两星期他才回来。据说假期中没有回上海，在虎跑寺断食。我问他："为什么不告诉我？"他笑说："你是能说不能行的，并且这事预先教别人知道也不好，旁人大惊小怪起来，容易发生波折。"他的断食共三星期。第一星期逐渐减食至尽，第二星期除水以外完全不食，第三星期起，由粥汤逐渐增加至常量。据说经过很顺利，不但并无痛苦，而且身心反觉轻快，有飘飘欲仙之象。他平日是每日早晨写字的，在断食期间，仍以写字为常课，三星期所写的字，有魏碑，有篆文，有隶书，笔力比平日并不减弱。他说断食时，心比平时灵敏，颇有文思，恐出毛病，终于不敢作文。他断食以后，食量大增，且能吃整块的肉。（平日虽不茹素，不多食肥腻肉类。）自己觉得脱胎换骨过了，用老子"能婴儿乎"之意，改名李婴，依然教课，依然替人写字，并没有什么和前不同的情形。据我知道，这时他只看些宋元人的理学书和道家的书类，佛学尚未谈到。

转瞬阴历年假到了，大家又离校。那知他不回上海，又到虎跑寺去了。因为他在那里经过三星期，喜其地方清净，所以又到那里去过年。他的皈依三宝，可以说是由这时候开始的。据说，他自虎跑寺断食回来，曾去访过马一浮先生，说虎跑寺如何清静，僧人招待如何殷勤。阴历新年，马先生有一个朋友彭先生，求马先生介绍一个幽静的寓处，马先生忆起弘一法师前几天曾提起虎跑寺，就把这位彭先生陪送到虎跑寺去住。恰好弘一法师正在那里，经马先生之介绍，就认识了这位彭先生。同住了不多几天，到了正月初八日，彭先生忽然发心出家了，由虎跑寺当家为他剃度。弘一法帅目击当时的一切，大大感动。可是还不就想出家，仅皈依三宝，拜老和尚了悟法师为皈依师。演音的名，弘一的号，就是那时取定的。假期满后，仍回到学校里来。

从此以后，他茹素了，有念珠了，看佛经，室中供佛像了。宋元理学书偶然仍看，道家书似已疏远。他对我说明一切经过及未来志愿，说出家有种种难处，以后打算暂以居士资格修行，在虎跑寺寄住，暑假后不再担任教师职务。我当时非常难堪，平素所敬爱的这样的好友，将弃我遁入空门去了，不胜寂寞之感。在这七年之中，他想离开杭州一师，有三四次之多。有时是因对于学校当局有不快，有时是因为别处有人来请他。他几次要走，都是经我苦劝而作罢的。甚至于有一个时期，南京高师苦苦求他任课，他已接受聘书了，因我恳留他，他不忍拂我之意，于是杭州南京两处跑，一个月中要坐夜车奔波好几次。他的爱我，可谓已超出寻常友谊之外，眼看这样的好友，因信仰而变化，要离我而去，而信仰上的事，不比寻常名利关系，可以迁就。料想这次恐已无法留得他住，深悔从前不该留他。他若早离开杭州，也许不会遇到这样复杂的因缘的。暑假渐近，我的苦闷也愈加甚，他虽常用佛法好言安慰我，我总熬不住苦闷。有一次，我对他说过这样的一番狂言：

"这样做居士究竟不彻底。索性做了和尚，倒爽快！"

我这话原是愤激之谈，因为心里难过得熬不住了，不觉脱口而出。说出以后，自己也就后悔。他却仍是笑颜对我，毫不介意。

暑假到了。他把一切书籍字画衣服等等，分赠朋友学生及校工们，我所得的是他历年所写的字，他所有的折扇及金表等。自己带到虎跑寺去的，只是些布衣及几件日常用品。我送他出校门，他不许再送了，约期后会，黯然而别。暑假后，我就想去看他，忽然我父亲病了，到半个月以后才到虎跑寺去。相见时我吃了一惊，他已剃去短须，头皮光光，着起海青，赫然是个和尚了！笑说：

"昨天受剃度的。日子很好，恰巧是大势至菩萨生日。"

"不是说暂时做居士，在这里住住修行，不出家的吗？"我问。

"这也是你的意思，你说索性做了和尚……"

我无话可说，心中真是感慨万分，他问过我父亲的病况，留我小坐，说要写一幅字，叫我带回去作他出家的纪念。回进房去写字，半小时后才出来，写的是楞严大势至念佛圆通章，且加跋语，详记当时因缘，末有"愿他年同生安养共圆种智"的话。临别时我和他约，尽力护法，吃素一年，他含笑点头，念一句"阿弥陀佛"。

自从他出家以后，我已不敢再毁谤佛法，可是对于佛法见闻不多，对于他的出家，最初总由俗人的见地，感到一种责任。以为如果我不苦留他在杭州，如果不提出断食的话头，也许不会有虎跑寺马先生彭先生等因缘，他不会出家。如果最后我不因惜别而发狂言，他即使要出家，也许不会那么快速。我一向为这责任之感所苦，尤其在见到他作苦修行或听到他有疾病的时候。近几年以来，我因他的督励，也常亲近佛典，略识因缘之不可思议，知道像他那样的人，是于过去无量数劫种了善根的。他的出家，他的弘法度生，都是夙愿使然，而且都是稀有的福德，正应代他欢喜，代众生欢喜，觉得以前的对他不安，对他负责任，不但是自寻烦恼，而且是一种僭妄了。